LEYENDAS DEL MUNDO HISPANO

THIRD EDITION

SUSAN M. BACON
Emerita, *University of Cincinnati*

AITOR BIKANDI-MEJIAS
Saint Louis University, Madrid Campus

GREGG O. COURTAD
Mount Union College

NANCY A. HUMBACH - *Vantr ont*
Emerita, *Miami University*

Prentice Hall

Upper Saddle River   London   Singapore   To
Toyko   Sydney   Hong Kong   Mexico City

Library of Congress Cataloging-in-Publication Data

Leyendas del mundo hispano / Susan M. Bacon ... [et al.]. -- 3rd ed.
    p. cm.
 Includes bibliographical references and index.
 ISBN-13: 978-0-205-69650-5 (alk. paper)
 ISBN-10: 0-205-69650-3 (alk. paper)
 1. Spanish language--Readers--Legends. 2. Legends--Latin America. 3. Legends--Spain. I. Bacon, Susan M.

PC4127.L4L42 2010
468.6'421--dc22   2009026789

Acquisitions Editor: *Donna Binkowski*
Publisher: *Phil Miller*
Editorial Assistant: *Gayle Unhjem*
Senior Marketing Manager: *Denise Miller*
Marketing Coordinator: *Bill Bliss*
Development Editor for Assessment: *Melissa Marolla Brown*
Senior Managing Editor (Production): *Mary Rottino*
Manager, Rights and Permissions: *Zina Arabia*
Manager, Visual Research: *Beth Brenzel*

Associate Managing Editor (Production): *Janice Stangel*
Production Supervision: *María F. García*
Media/Supplements Editor: *Meriel Martínez*
Senior Media Editor: *Samantha Alducin*
Operations Specialist: *Cathleen Petersen*
Manager, Cover Visual Research & Permissions: *Karen Sanatar*
Image Permission Coordinator: *Kathy Gavilanes*
Printer/Binder: *Bind-Rite Graphics*
Cover Printer: *Bind-Rite Graphics*

This book was set in 10/12 Minion.

10 9 8 7 6 5 4 3 2

Prentice Hall
is an imprint of

ISBN 10: 0-20-569650-3
ISBN 13: 978-0-205-69650-5

Table of Contents

Preface

Why legends and myths? First, these stories convey information, and describe events and their consequences, encouraging readers and listeners to react both intellectually and affectively. Second, stories stimulate the imagination, triggering thoughts about the possible, as well as the actual. Since the earliest times, stories have engaged listeners to imagine what it would be like to be someone else, thus to treat others with as much respect as they would wish to be treated, as they learn more about others. Finally, and perhaps the most important reason we offer these legends is because everyone loves a good story. We only have to look at the success of such modern folklore as *Harry Potter* to recognize that a fine story will engage readers and listeners of all ages.

Although American students are aware of legends and myths they have heard since childhood, they may not be aware of their purpose or easily associate the lessons with legends from the Spanish-speaking world. Therefore, in the third edition of *Leyendas del mundo hispano,* we continue to include a preliminary chapter with a few examples to refresh their memory. These take in Davy Crockett, Johnny Appleseed, Pocahontas, King Midas, and *La gente nube*, a moving story dating from the time of slavery in the U.S., and which is on the audio program. This preliminary chapter, in Spanish, sets the tone for those that follow.

The following 12 chapters present a panorama of legends from the Spanish-speaking world. In developing these legends for learners of Spanish, we sought illustrations of the blending of cultures (Spanish, indigenous, mestizo, Jewish, African, Arab), the creation of new legends, and the retention of old traditions. For example, the legend of *La Llorona* is known throughout the Spanish-speaking world, and the versions have a different message depending on the era and region in which they were popular. In many versions, a woman is driven to kill her children; the method may be by knife, drowning, or abandonment, but in all of them the woman is either vilified or romanticized in her quest for revenge against men. The legend has been used to teach Christian values, warn against crossing social classes, and reaffirm the strength of the female figure. Her figure could be compared to the Virgin Mary, yet most Spanish speakers will say they were warned to beware of *La Llorona,* who for many represents a female "bogeyman."

We see both universal and distinctive perspectives through these legends: In *Los volcanes,* we find values such as fidelity and courage, important in pre-Columbian culture and persisting in modern Mexico. This story is complemented by *Los Amantes de Teruel,* the Spanish legend of star-crossed lovers. The Salvadoran legend of *Los cadejos* contrasts good and evil in a single familiar animal, the dog. The Argentine/Paraguayan *La yerba mate* explains the origin of this important drink as a symbol of friendship and good will. The Paraguayan legend *El ñandutí* underscores

again the power of friendship while it also highlights the merit of indigenous talents. The Colombian legend *El Dorado* demonstrates the futility of the search for imagined treasure. *La creación Inca* myth offers a glimpse at the level of development of the peoples of the *altiplanicie* of South America before the arrival of the Spanish conquerors. We also include three legends reflecting the multicultural diversity of the Spanish-speaking world: *El Abencerraje y la hermosa Jarifa* is a Moorish tale that stresses the sense of honor *(pundonor)* so characteristic of the Spanish people. *El año que llovieron tortillas,* set in New Mexico, is a Sephardic legend carried there from Spain and other Jewish communities throughout the world. Forced to flee Spain, many Jews found a safe haven in the remote areas of New Mexico and the present-day American Southwest. Their religious practices were hidden from public eye and often only the women in the family knew their true background and maintained the religious traditions of these Crypto Jews. *La Virgen de la Caridad del Cobre* illustrates the power of faith among the people of Cuba. We use this story as a touchstone for the rich African heritage in Cuban culture.

New to this edition is a legend from Chiloé, an island off the coast of Chile. *El* Caleuche *y la Pincoya* reminds us of the mythical muses of the Rhine River lying in wait for unsuspecting voyagers, or the Sirens who used their beguiling songs to lure sailors to their death. It underscores the dangers of the sea, so common to early settlers. However, this legend has a twist, treating most victims to a wonderful party on board ship.

All of these legends have an indisputable potential for helping students develop their creativity, as well as to discover both universal and culturally unique values.

Bloom's Taxonomy of Intellectual Behaviors and the *National Standards*

For the Third Edition, we have extensively reformulated the approach to echo Bloom's Taxonomy of Intellectual Behaviors[1]. The influential educational psychologist, Benjamin Bloom led in formulating a classification of intellectual behaviors important in learning. This became a taxonomy that included three overlapping domains: the cognitive, psychomotor, and affective.

For the cognitive domain, Bloom identified six levels–from the simple recall or recognition of facts (the lowest level) to the more complex synthesis and evaluation of ideas (the highest levels). The activities in *Leyendas del mundo hispano* have been revised and reordered to encourage students first to draw on their background knowledge *(Preparación)*, which includes information from the *Contexto cultural,* as well as advance

[1] Bloom, Benjamin (1956). Taxonomy of Educational Objectives: The Classification of Educational Goals, Handbook I: Cognitive Domain.

organizers to help trigger the content of the *leyenda*. The post-reading activities are sequenced in order of difficulty: *Comprensión* includes the "who, what, where, when, why" type questions, as well as summarizing and restating the story line. *Aplicación* requires students to interpret the story and reenact it. Here, we draw on the recordings of the legends so that students must listen and imitate pronunciation and intonation when they present a portion of the legend to the class. The highest level of the taxonomy, *Análisis, síntesis, evaluación* requires students to go beyond the text, do additional research, evaluate and debate issues stemming from the legends. In this section, we include a *foro* (blog) activity for students to maintain a running record of their research and reactions to the text, and a *debate,* which requires researching and defending a position related to the legend.

We believe this approach meshes very well with the *National Standards in Foreign Language Education* and develops the areas of "communication, cultures, connections, comparisons, and communities." Legends provide a superb context to make information meaningful to learners (**connections**). For example, animal legends incorporate real and imaginary creatures, descriptions, and emotions; topographical legends help students make comparisons between their own environment and others. Legends are traditionally aural literature, the use of which encourages students to become good listeners (**communication**). The activities included in this text provide opportunities for students to practice the three modes of communication as outlined in the communication standard: interpersonal, interpretational, and presentational. In legends we see daily routines, verbal and nonverbal communication, and ways of communicating beliefs (**cultures**). They embody the three "p's" of culture, **perspectives**, **practices** and **products**, making them perhaps the most complete example of cultural authenticity. The stories provide the context for instruction of vocabulary, syntax, and functions of language (**comparisons**). Finally, whenever possible, students are encouraged to go beyond the classroom to use the resources of their community and beyond to use Spanish for personal enjoyment and enrichment (**communities**). Each chapter has at least one activity in which students do related research through the Companion Website at www.pearsonhighered.com/leyendas or independent research.

Audience

The *Leyendas* text is intended for intermediate and advanced students of Spanish. It may be used as a supplement to a grammar text or as a standalone text for Conversation and Composition classes. Although there is no explicit presentation of grammar, we believe that grammar is reinforced through the telling of the legends and the variety of activities. The text can also be used to provide a richer context for Hispanic civilization courses, and Spanish Phonetics, through the use of the audio CD.

Organization

Each chapter opens with the *Contexto cultural* with information to help students situate the legend within its historical and cultural context. This section encourages students to recall their studies in other courses and to make connections to previous knowledge. *Preparación* activities refer to information in the *Contexto cultural,* introduce new vocabulary and concepts, and supply advance organizers and global questions for the reading. Because we believe that learners can understand much more than they can produce, we employ a variety of tenses along with preparation and redundancy to make the stories comprehensible. Low-frequency vocabulary is glossed when it is not transparent from the context of the legend and not included in the pre-reading activities.

Post-reading activities progress from convergent *Comprensión* activities to *Aplicación* to higher-order *Análisis, síntesis, y evaluación. Comprensión* activities vary from chapter to chapter, including "Who might have said?" to "Order the events and retell the story." *Aplicación* activities have students do interpretive reading and role-play. The *Análisis, síntesis, y evaluación* activities include further investigation, debate, reflection, and guided writing.

Audio Program

Legends are inherently an aural medium; they are passed down from generation to generation; with each telling they take on the particular characteristics of the times and the teller. It is only logical that the users of this text should also hear the legend. We suggest that students first read the *Contexto cultural* and do the *Preparación* activities. Then they may choose to read the legend before listening to it, or listen to the legend before reading it. Since reading and listening are very different activities, we discourage students from reading and listening simultaneously. In fact, the recorded version is more conversational, and is therefore not identical to the written version. The *Aplicación* activities include one in which students use the recording to focus on dialect and intonation and try to imitate the speaker's register and affect.

Companion Website

The Companion Website™, www.pearsonhighered.com/leyendas, is organized in chapters that correspond to those in *Leyendas.* The site provides links for completing the web-based activities featured in each chapter, additional practice and expansion exercises for the student, an English-Spanish glossary mirroring the Spanish-English glossary of the text, and links to websites expanding on the culture of Latin America.

Summary of Changes in the Third Edition

We are indebted to our reviewers for helping us identify which aspects should be retained and which should be revised. The high praise for the *Contexto cultural* meant that the revisions have been minor stylistic changes. All but one of the legends from the *Second Edition* have been maintained.

- One new legend, *El* Caleuche *y la Pincoya* narrates the ghost ship and siren legend from Chiloé. It presents ancient themes of marine mysteries and modern themes of preservation of the seas of the world.

- Following Bloom's Taxonomy, the activities have been greatly revised to be more intellectually stimulating and to build from activating background knowledge *(Preparación)* to lower-level understanding of the plot line *(Comprensión)*, to putting oneself into the story *(Aplicación)* and finally to higher level activities *(Análisis, síntesis y evaluación)*. Each chapter includes *foro* and *debate* activities to develop writing and speaking proficiency. We highly encourage students to maintain an electronic version of their *foro* and even to invite reactions from other students.

- *Leyendas del mundo hispano* has a fresh new look with updated illustrative photographs and maps, some of which date from the era in which the legend originates.

- All chapters include a map and activity related to the geographic location of the legend.

- The glosses have been revised to avoid English translation and use synonyms in Spanish wherever possible. Some glosses have been removed when the term was either obvious from the context or an English cognate. We believe this practice helps students develop fluency and avoid distraction from unnecessary glosses.

- The end glossary contains more than 1000 Spanish-English entries, including both glossed terms from the readings, and others students may have to check to verify their understanding. Verb entries include stem changes and spelling changes. Nouns include articles. The chapter number is indicated the first occasion it appears.

- Finally, in the margins of the legends we include line numbers in order to help students and instructors quickly locate target passages.

Summary

We hope all enjoy reading, hearing and working with these legends as much as we do. May these stories pique your curiosity and spur you into investigating others of the thousands of legends connected to the Spanish-speaking world.

Acknowledgments

The idea for this project arose from the *Legends of Mexico* program for teachers of Spanish (1994-1998) funded by a generous grant from the National Endowment for the Humanities. We are grateful to the participants in that program for sharing their enthusiasm to investigate, develop, and learn to tell legends in their teaching. We acknowledge especially the invaluable contribution of Francisco Jiménez for his advice at several stages of the project. We thank our colleague Cristina Kowalski for her suggestions regarding *La yerba mate*, and Eduardo Zayas-Bazán and Edy Carro for their suggestions regarding *La Virgen de la Caridad del Cobre,* and the artist José F. Grave de Peralta for allowing us to use his painting of the same. We are indebted to the following actors who participated in making the audio program: Alberto Delgado, Noris Rodríguez, Manuel Martínez, Ana Yáñez, Raúl Llanes, Cristina Kowalski, Luis Miletti, Luis González, Cristina Sánchez-Blanco, Edy Carro, Kirsten Nigro, and Isabel Parra; and Thomas Haines of the College Conservatory of Music for compiling and editing the audio program. We heartily thank our students for listening and reacting to our stories. We appreciate the highly constructive comments from the following reviewers:

Lourdes N. Jiménez, Saint Anselm College

Joy Landeira, University of Northern Colorado

Douglas Morgenstern, Massachusetts Institute of Technology

Kay Cude Past, Coastal Bend College

Anne Prucha, University of Central Florida

We also thank Julio Martínez for his careful copyediting of the final manuscript. We are grateful to María F. García for her editorial support, and to Donna Binkowski, Senior Acquisitions Editor. Finally, as college professors, we are indebted to our institutions, the University of Cincinnati, Miami University, Saint Louis University, Madrid Campus, and Mount Union College for their encouragement in making this project a reality.

Les dedicamos *Leyendas del mundo hispano* a nuestros estudiantes.

S.M.B., A.B.M., G.O.C., N.A.H.

Photo Credits

Page 1: Nancy Humbach; **Page 2:** Library of Congress; **Page 3:** John Hancock Financial Services; **Page 4:** Getty Images Inc. - Hulton Archive Photos; **Page 7:** Nancy Humbach; **Page 9:** Pet\Getty Images Inc. - Hulton Archive Photos; **Page 14:** James Sawders, The Workshop\Pearson Education/PH College; **Page 19:** Nancy Humbach; **Page 22:** Susan M. Bacon; **Page 27:** Susan M. Bacon; **Page 29:** Gregg Courtad\Gregg O. Courtad; **Page 30:** Jorge Sesé; **Page 33:** Courtesy of *www.istockphoto.com;* **Page 39:** Susan M. Bacon; **Page 40:** Susan M. Bacon; **Page 44:** Bettmann \Corbis/Bettmann; **Page 45:** La Leyenda de los Volcanes / The Legend of the Volcanoes, 1940 by Jesús Helguera Oil on canvas, 75 1/8" x 96 3/4", Collection of Garrison and Rosslyn Valentine, Image courtesy of the National Museum of Mexican Art, Kathleen Culbert-Aguilar; **Page 49:** Peter Aitken\Photo Researchers, Inc.; **Page 54:** Nancy Humbach; **Page 59:** Dagli Orti\Picture Desk, Inc./Kobal Collection; **Page 62:** Gold Museum - Banco de la República - Bogota – Colombia; **Page 64:** Bibliotheque Nationale de Cartes et Plans, Paris, France/The Bridgeman Art; Library; **Page 69:** Werner Forman\Art Resource, N.Y.; **Page 70:** Corbis/Bettmann; **Page 74:** Raul Anguiano - La Llorona, 1942. Oil on canvas, 23 5/8" x 29 5/8". The Museum of Modern Art/Licensed by Scala-Art Resource, NY. Inter-American Fund. **Page 79:** Photo (c) www.danheller.com/Dan Heller Photography; **Page 81:** Photo (c) www.danheller.com; **Page 86:** Jose F. Grave de Peralta; **Page 89:** Getty Images, Inc.- Photodisc./Royalty Free; **Page 90:** Dale Sloat\Phototake NYC; **Page 92:** Jupiter Unlimited; **Page 94:** Nancy Humbach; **Page 99:** Courtesy of www.istockphoto.com; **Page 101:** 3\Getty Images - Digital Vision; **Page 107:** Dagli Orti\Picture Desk, Inc./Kobal Collection; **Page 111:** Ryan McVay\Getty Images, Inc.- Photodisc./Royalty Free; **Page 115:** Susan M. Bacon; **Page 119:** Susan M. Bacon; **Page 121:** Susan M. Bacon; **Page 123:** Omni-Photo Communications, Inc.; **Page 126:** istockphoto.com; **Page 128:** Jamie Marshall (c) Dorling Kindersley.

LEYENDAS DE TU MUNDO

¿Conoces la leyenda que cuenta cómo John Chapman
propagó manzanos por el este de E.E. U.U.?

Leyendas de tu juventud

¿Te acuerdas de algún cuento que te gustaba leer cuando eras joven? Es
muy probable que hayas escuchado más de una versión de tu cuento favorito. Y tal vez tu cuento haya tenido un origen histórico. Este es el
caso de las *leyendas*. Tomemos un ejemplo popular, el de Davy Crockett.
Todos sabemos que Davy existió y que realizó varias hazañas heroicas,
como ayudar en la defensa de la fortaleza del Álamo en San Antonio,

Texas. Pero esta leyenda ha "viajado" muchos años y ha pasado por muchos narradores, así que hoy en día es difícil saber exactamente qué es verdad y qué es inventado. (El mismo Davy confesó que exageraba sus hazañas.) ¿Es verdad que peleaba con osos cuando no tenía más de tres años? ¿Es cierto que su fusil se llamaba "Betsy"? No hay duda de que en las versiones modernas de Walt Disney vemos una historia bastante romantizada. Además, en Estados Unidos tenemos la costumbre de oír sólo una versión de la historia. Sabemos muy poco sobre lo que experimentaron los mexicanos en la batalla en que murió Davy Crockett, a la edad de 49 años y acompañado por 187 compatriotas. Lo que sí se sabe es que, aunque todos los defensores del Álamo murieron en la batalla por la independencia de Texas, también murieron más de 60 soldados mexicanos. En la tumba de Davy Crockett se encuentran estas palabras: "Davy Crockett, pionero, patriota, soldado, trampero°, explorador, legislador, congresista, mártir del Álamo. 1786–1836". El hecho de que persista esta leyenda en el folclore estadounidense es debido a las ideas que transmite: patriotismo, valor y persistencia.

trapper

Las fuerzas mexicanas dirigidas por el General Santa Ana derrotaron a los defensores del Álamo en 1836.

Debido a que Davy Crockett fue congresista, tenemos un registro escrito de sus discursos ante el Congreso de Estados Unidos y podemos reconstruir partes de la historia de su vida. Por otro lado, la mayoría de las leyendas son principalmente transmitidas de manera oral, y la versión escrita viene después. Tal es el caso de otro pionero, Johnny Appleseed, cuyo nombre verdadero era John Chapman. Este pionero nació en Massachusetts, pero de joven atravesó el país hasta llegar a la frontera del territorio de Indiana. Su fama es fruto de su dedicación, hasta su muerte en 1845, a sembrar semillas de manzana por gran parte del territorio de los estados hoy conocidos como Ohio, Indiana e Illinois. Hoy

en día todavía se encuentran algunos manzanos que se creen originados por su labor. Lo más curioso de Johnny Appleseed era su modo de vestir. Según la leyenda, siempre iba descalzo°, llevaba pantalones rotos y, en la cabeza, una sartén. Lo que no se enfatiza es que las manzanas que esperaba cosechar no eran para comer sino para fabricar sidra. En esa época no siempre se podía encontrar agua potable, y era común tomar cerveza u otras bebidas alcohólicas como el whisky, el ron o el vino. En esas regiones, la sidra era la bebida más viable y fácil de producir. La leyenda de Johnny Appleseed hoy en día parece transmitir los valores de independencia y dedicación a una meta°.

sin zapatos

goal

John Chapman era conocido como Johnny Appleseed.

Es evidente que con el paso del tiempo las leyendas se transforman para acomodarse a los intereses cambiantes de la gente. Tomemos también el caso de Pocahontas. Esta hija del rey indígena Powhatan nació en Virginia a fines del siglo XVI. Según la leyenda, en 1608 le salvó la vida al capitán John Smith cuando los guerreros de los indios Powhatan lo atacaron. Pero es curioso que Smith, el explorador del noreste del país, no mencionara su intervención hasta mucho después, cuando escribió su *Historia general de Virginia*, por lo que la mayoría de los historiadores no se fía de esta versión. Sin embargo, es verdad que Pocahontas viajó a Inglaterra y que fue recibida por la Corte Real. Murió de viruela° en 1617, la noche antes de volver a las Américas. Hoy en día, esta figura histórica simboliza el heroísmo femenino entre los indígenas.

smallpox

¿Es verdad que Pocahontas le salvó la vida a John Smith?

Mitos

A diferencia de las leyendas, las cuales tienen algún toque histórico veri-
ficable, los mitos muchas veces explican un fenómeno por medio de la
intervención de los dioses o de otra fuerza sobrenatural. En general, se
consideran verídicas las leyendas mientras que los mitos son falsos. Las
tradiciones indígenas suelen estar cargadas de mitos que ayudan a en-
tender el universo y su papel dentro del cosmos; explican la creación del
universo y del ser humano, las fuerzas de la naturaleza, los dones° de la
fertilidad, la comida, las formaciones geológicas.

gifts

    Algunos de los mitos más conocidos entre los norteamericanos son
los griegos y los romanos; por ejemplo, el del rey Midas, quien quería
convertir todo lo que tocaba en oro. El dios Dionisio lo capacitó con ese
don para agradecerle la hospitalidad que le había mostrado a su padre
adoptivo, Sileno. Pero cuando el rey tocó a su hija y la convirtió en estatua, pronto se dio cuenta de que su avaricia no le serviría para nada
bueno. Claro que el tema de la avaricia no se acabó con los griegos, sino
que continúa durante siglos; por ejemplo, en los cuentos en que el personaje principal tiene un pacto con el diablo, a quien le vende el alma a
cambio de algún favor. En el caso de Midas, tenemos ambos aspectos, el
mítico y el legendario, porque hay evidencia histórica de la existencia de
un tal rey Midas de Macedonia que vivió en el siglo VII antes de Cristo.
La parte mítica es la intervención del dios Dionisio.

El porqué de la tradición cuentista

Es evidente que los mitos y las leyendas forman un cuerpo de literatura popular y que su manera de transmitirse por generaciones es generalmente oral; pero... ¿tienen algún propósito? Se dice que el alma de una civilización se traza en sus mitos y leyendas. Estos incluyen lecciones morales, espirituales, éticas o prácticas. Explican el origen de la civilización, sus perspectivas, sus productos y sus prácticas. Así que, en las épocas en que muy poca gente sabía leer o escribir, estos cuentos servían no sólo para entretener, sino también para transmitir la cultura de generación en generación. Hoy en día, se ha descubierto de nuevo la importancia de esta antigua tradición.

Además de las leyendas, la figura del cuentista ha vuelto a tener relevancia, lo que se evidencia en el arte popular de los pueblos indígenas de Estados Unidos y Canadá; o en los programas de radio: por ejemplo, Garrison Keillor en "Prairie Home Companion" e Ira Glass y David Sedaris en "This American Life", los dos de la radio pública estadounidense (*NPR* y *PRI*), y Jan Brunwald, coleccionista de leyendas urbanas. El resurgir de la radio como medio de comunicación tal vez señale el retorno de una época en que no sólo se practique el arte de *contar*, sino también el arte de *escuchar*.

En resumen, no es posible siempre separar la leyenda del mito porque muchas veces hay elementos de los dos, tal como comprobarás en este volumen. Sin embargo, en todos los casos verás la transmisión de las creencias y de los valores culturales de una generación a otra.

Comprensión

P-1 ¿Qué es? ¿Quién es? Identifica el concepto o la persona que se describe a continuación.

MODELO: Sembraba semillas.
　　　　　　Johnny Appleseed

1. Luchó por la independencia de Texas.
2. Se vestía de una manera rara.
3. Fue explorador de la región ahora conocida como el Valle del Río Ohio.
4. Es cuentista actual.
5. Es una manera de transmitir la historia y los valores de una civilización.
6. Explica el origen de algo, como una montaña, por la intervención de los dioses.
7. Sufrió una tragedia a causa de su avaricia excesiva por el oro.
8. Fue congresista.
9. Se interesaba en la agricultura.
10. Produjo películas que romantizaban las leyendas.
11. Es un medio de comunicación ideal para los cuentistas modernos.
12. Murió muy lejos de su país.

P-2 Una leyenda afroamericana. Durante la época de la esclavitud en las Américas, los esclavos se reconfortaban contándose leyendas y cuentos que les elevaran el espíritu. De esta tradición, tenemos también muchas canciones de tipo *gospel*, por ejemplo, "Swing Low, Sweet Chariot". Escucha la versión de "La gente nube" y completa las siguientes oraciones de la manera más lógica.

1. La "gente nube" tuvo su origen en…
   a. las plantaciones de Georgia.
   b. África.
   c. los barcos negreros.

2. Esta gente sabía mucho…
   a. de mitología.
   b. del clima y la agricultura.
   c. de magia.

3. La gente de los barcos negreros buscaba…
   a. animales salvajes para el mercado americano.
   b. esclavos para las plantaciones.
   c. nuevos mercados para la venta de tabaco.

4. La gente nube tuvo que abandonar…
   a. sus alas.
   b. a sus familias.
   c. su magia.

5. En las plantaciones, la gente nube…
   a. se distinguía de los demás por su forma.
   b. tenía posiciones de privilegio por su antiguo estado.
   c. trabajaba tan duro como todos los demás.

6. La "Sarah" de la leyenda trabajaba…
   a. en el huerto de maíz y frijoles.
   b. en el campo de tabaco.
   c. en la casa de sus dueños.

7. El amo la maltrató porque ella…
   a. tenía que descansar.
   b. no quiso tener relaciones con él.
   c. no quiso entregarle a su bebé.

8. Tanto el bebé como su mamá recibieron…
   a. la compasión de la esposa del amo.
   b. el abuso del amo.
   c. el auxilio del ángel Gabriel.

9. Las palabras mágicas del viejo esclavo…
   a. le dieron el poder de volar a Sarah.
   b. parecían suspiros del viento.
   c. evocaban los espíritus del bosque.

10. Sarah y su bebé escaparon de…
    a. la libertad.
    b. los tambores africanos.
    c. la violencia y el sufrimiento.

Ahora, contesta las siguientes preguntas basadas en el cuento que acabas de oír:

1. ¿Lo clasificarías como leyenda, mito o una combinación de los dos? Explica tu opinión.
2. ¿Cuál es el problema o el conflicto?
3. ¿Qué relación tiene este cuento con la música folclórica *gospel*?
4. ¿Qué lecciones o valores transmite?
5. ¿Conocías este cuento antes de escucharlo? ¿Conoces otro semejante? ¿Cuál es?

Aplicación

P-3 Observen. Aquí tienen la imagen de "un cuentista" que aparece en el arte popular del suroeste de Estados Unidos. Primero describan la imagen; después, imagínense el cuento que les estará contando a los niños y explíquenlo. ¿Qué advertencias o valores estará transmitiéndoles?

Arte tradicional del Suroeste, *El cuentista*.

P-4 Foro *(Blog)*: Una leyenda tuya. En cada capítulo escribirás una entrada en tu foro electrónico para mantener un récord de tus observaciones y reacciones durante el transcurso de esta colección. Para este, piensa en una leyenda (antigua o moderna) o mito que conozcas y sigue algunos de estos pasos para escribirlo/la en tu foro. A continuación, tienes algunos ejemplos; encontrarás otros en la página web de *Leyendas del mundo hispano*.

Leyendas:

     Paul Bunyan – John Henry – Wyatt Earp – Annie Oakley –

     Sojourner Truth – Rip Van Winkle – Bigfoot – Sacajawea

Mitos:

     Sísifo – Dionisio (Baco) – Cupido – Venus – Apolo – Pan

Puedes utilizar las siguientes expresiones para narrar tu leyenda o mito:

1. Esta es la leyenda (Este es el mito) de…
2. Tiene lugar en…
3. Los personajes son…
4. El problema es…
5. La resolución es…
6. Sin embargo...
7. Hoy en día…

8. Es evidente...
9. Según
10. Por eso…
11. Se dice que…
12. Por fin…
13. Aunque…

Análisis, síntesis y evaluación

P-5 Los valores de nuestro tiempo. En cada capítulo tendrán la oportunidad de analizar y debatir algunos de los principios que divulgan las leyendas. Para este, formen equipos de dos o tres personas para debatir sobre alguno de los siguientes temas. Les incluimos además algunas frases comunicativas que les pueden servir en su discusión.

- En nuestra época, los medios electrónicos de comunicación (la televisión, los videojuegos) son los que transmiten los valores de la cultura, no los cuentos tradicionales.
- No existe una Historia verdadera. La que aparece en los libros de texto siempre pasa por un filtro cultural.

Frases comunicativas:

- A mi parecer…
- (No) es verdad que…
- Perdona, pero estás equivocado/a…

MODELO: *A mi parecer, el mayor peligro que enfrenta una civilización moderna son la televisión y los videojuegos…*

CAPÍTULO 1

LA CREACIÓN INCA
(BOLIVIA, PERÚ)

Los habitantes del lago Titicaca conservan sus
antiguas costumbres de vida.

Contexto cultural

Cuando los españoles llegaron a los continentes de América del Norte y
América del Sur (para muchos hispanohablantes es un solo continente,
llamado simplemente América), se encontraron con dos imperios
indígenas bastante desarrollados e imponentes, los cuales poseían dos
culturas distintas y fascinantes. Como se sabe, en el norte reinaban los
aztecas desde su impresionante capital Tenochtitlán, el sitio de la actual
Ciudad de México. En 1521, los soldados del capitán-general Hernán
Cortés y sus muchos aliados indígenas derrotaron° a los aztecas. Pocos   vencieron
años después, otros conquistadores españoles, consumidos por el deseo
de obtener más oro, pusieron sus ojos en el sur, en el Imperio de los Incas.

El Imperio incaico se extendía desde la región cercana a la línea
ecuatorial, a lo largo de la costa del Pacífico, hasta lo que hoy es el norte
de Chile. Por el este, se extendía a través de los Andes hasta zonas de la
Argentina y Bolivia actuales. Aquel inmenso imperio se llamaba Tawan-
tinsuyu en quechua, la lengua de los incas. Su nombre quería decir "las

cuatro regiones", que representaban los cuatro puntos cardinales; o sea, el Norte, el Sur, el Este y el Oeste. En su capital, Cuzco, hoy día una ciudad importante del Perú, los incas construyeron edificios de enormes bloques de piedras que encajaban° de manera tan precisa que ni siquiera era posible insertar una cuchilla entre ellos. Aunque la arquitectura de estos edificios era de un aspecto severo, estaban adornados con planchas° y ornamentos de oro, al cual los incas llamaban "lágrimas del sol" (a la plata se le llamaba "lágrimas de la luna"); en su interior, los templos brillaban con esos metales preciosos. De hecho, cuando los españoles, bajo el mando de Francisco Pizarro, capturaron al Emperador Inca Atahualpa en 1531, este les ofreció llenar un cuarto entero con oro y plata para pagar su rescate°. Sus captores aceptaron su oferta; sin embargo, después de haber recibido un tesoro° increíble, lo mataron. En los últimos instantes de su vida, Atahualpa se convirtió al cristianismo; gracias a esto no lo quemaron vivo..., "sólo" lo estrangularon.

Todavía se puede ver el impresionante sistema de riego° que construyeron los incas, así como las escalonadas° terrazas que erigieron° en las faldas de las montañas para cultivar vegetales. También en los museos, los turistas pueden ver ejemplos del *quipu*, el misterioso medio de comunicación que consistía en nudos° de colores en una cuerda°. Aunque muchas personas han oído hablar de las ruinas de Machu Picchu en lo alto de las montañas, tal vez el sitio turístico que nadie debería perderse sea la misma ciudad de Cuzco, en la cual se ve claramente que los edificios coloniales descansan encima de las paredes majestuosas de la capital incaica. Esto nos recuerda que, a pesar de la Conquista, aproximadamente la mitad de los peruanos aún habla quechua, la lengua del gran imperio de sus antepasados.

Glosas marginales:

conectaban

sheets

liberación
fortuna

irrigation
stair-step /
  construyeron

knots / cord

Preparación

1-1 Los pueblos precolombinos. Cuando llegaron los españoles a América del Sur en el siglo XVI, encontraron varios pueblos indígenas cuya civilización era muy desarrollada. La de los incas, que se había instalado en un gran territorio, repartido en la actualidad entre **Ecuador, Perú, Bolivia, Argentina** y **Chile**, era particularmente desarrollada. En el siguiente mapa, primero identifica estos países y sus capitales. Identifica también "Cuzco" y el lago "Titicaca". Finalmente, traza la cordillera de los "Andes".

1. _____, Perú

2. _____, Ecuador

3. _____, Argentina

4. _____, Chile

5. _____, Bolivia

6. el Titicaca

7. Cuzco

👥 **1-2 La cultura inca.** Conversen entre ustedes para decidir si las siguientes oraciones son probables o improbables, según lo que puedan deducir del contexto cultural. Expliquen por qué las improbables lo son.

1. La religión de los incas era monoteísta.
2. Los incas y los aztecas estaban en conflicto continuo.
3. El sistema de comunicación de los incas, con el uso de jeroglíficos en los templos, era semejante al de los egipcios.
4. El oro y la plata que adornaban sus templos representaban lágrimas de los dioses.
5. La caída de la civilización incaica se debe a la práctica excesiva del sacrificio humano.
6. Atahualpa, el Emperador Inca, confiaba en que los conquistadores le perdonarían la vida.
7. Los incas eran muy diestros en la agricultura y en la construcción de sus templos.
8. Francisco Pizarro convenció a Atahualpa para que lo acompañara a España para ser presentado al Rey Carlos.

1-3 Expresiones clave. Lee las oraciones siguientes y busca un sinónimo de las expresiones en **negrita**. Primero, reemplaza la expresión con la forma correcta del sinónimo y sus modificantes (*modifiers*), si es necesario; luego, escribe otra oración original usando la palabra que cambiaste.

introducir	objetos / posesiones	santificado
establecer	oscuridad	sufrir

MODELO: Los súbditos de Atahualpa quisieron **rescatarlo** de manos de los conquistadores españoles.
*liberarlo; Los bomberos **rescataron** a las víctimas del incendio.*

1. Durante la época de guerras, raras veces el sol brillaba entre las **tinieblas.**
2. El Padre Sol **penaba** porque no le gustaba ver tanta tristeza y desolación.
3. Inti Tayta encontró un objeto de oro entre sus **pertenencias** y se lo dio a sus hijos.
4. "En el lugar donde entre sin esfuerzo la varilla, van a **fundar** la capital de mi reino".
5. El dios Inti sumergió a sus hijos en el lago **sagrado.**
6. Aunque quisieron **meter** la varilla dorada, la tierra era muy rocosa y no entró.

🖱 **1-4 Qosco/Cuzco.** Durante la época de los incas, la actual ciudad de Cuzco se llamaba Qosco. Los españoles, en vez de destruir los edificios incaicos, construyeron los suyos usando las paredes antiguas. Conéctate con la página web de *Leyendas del mundo hispano* para ver fotos de esta joya arquitectónica, y escribe un párrafo de diez líneas describiendo lo que veas.

1-5 La creación de un pueblo. Esta leyenda explica la creación de un pueblo. Mientras la lees, busca paralelos con otras historias de la creación que conozcas. Toma apuntes para después comentarlos con la clase.

La creación Inca

habitantes

cortaba / oscuridad
sufría
apenado; *pitying*

the sun god

enseñarán

educación

posesiones / *rod*
entregó /
   descendientes

la tierra
root

high Andean plateau

wept, lit. *spilled*

cubiertos

neblina
del lago / *rippled*
se acercaron

En la noche de los tiempos, los moradores° de la tierra vivían en confusión y continua beligerancia. El caos y el hambre reinaban sobre la superficie terrestre; el sol apenas rasgaba° las tinieblas° que se extendían por todas partes. Inti Tayta, el Padre Sol, penaba° constantemente viendo tanta tristeza. Un día, compadecido° de 5 la gran aflicción de hombres y mujeres, decidió enviar a sus dos hijos, Manco Cápac y Mamá Ocllo, a la tierra para instaurar el orden.

   —Una vez en la tierra, hijos míos —les decía Inti a Manco Cápac y Mamá Ocllo—, instruirán° a sus pobladores sobre las leyes y 10 normas del bien. Así podrán vivir como seres humanos, en paz y armonía, en razón y urbanidad°, y no como animales. ¡No puedo soportar más esta degradación! —añadió en tono vehemente y apenado, subiendo el volumen de su voz.

   Los dos hermanos escuchaban a su padre, el Sol, con pro- 15 funda atención. Mientras hablaba, Inti Tayta buscaba entre sus pertenencias°; allí encontró una varilla° de oro que, inmediatamente, se la alargó a sus vástagos°.

   —Llévenla con ustedes. En aquel lugar donde mi sagrado emblema penetre sin esfuerzo en la tierra, deberán fundar la 20 capital del nuevo reino, desde donde se extenderá el respeto y la paz por todo el orbe°. Ustedes, hijo mío, hija mía, serán el origen de la nueva nación, la raíz° del linaje del Sol.

   A la hora de ir a depositarlos en la tierra, Inti Tayta se acordó del hermoso Lago Titicaca, en el altiplano andino°. Este sagrado 25 lago era un lugar muy especial para Inti, pues él mismo lo había creado con sus lágrimas. Recordaba muy bien la ocasión en que las derramó° sin consuelo, durante cuarenta días y noches, debido a la muerte de los pobladores de aquella bellísima región, destruidos por los pumas grises. En las aguas profundas de esta la- 30 guna, decidió sumergir el dios Inti a sus hijos y los llevó hasta allá envueltos° en sus rayos solares.

   Manco Cápac y Mamá Ocllo emergieron de las frías aguas al día siguiente, no sólo como hermano y hermana, sino que también como marido y mujer. Sus bellos cuerpos, cubiertos de agua 35 y luz, brillaban intensamente a través de la bruma° del amanecer. Cruzaron la superficie lacustre°, ligeramente rizada° por el viento, y se dirigieron° al borde del lago.

Lo primero que hicieron al poner pie en la orilla, fue probar
40 allí mismo la varilla. A pesar de que en la región del lago sagrado
los terrenos eran muy fértiles, esta no se hundía° en ellos fácilmente. Con un poco de pesar°, pues aquellas tierras les gustaban
de verdad, decidieron, entonces, cruzar las altas llanuras que
rodeaban el Titicaca y buscar otra región más rica y más amplia.

insert (handwritten, left margin)

45 Andaban sin casi descanso noche y día y, por el camino,
iban introduciendo la varilla de tanto en tanto°. Manco Cápac y
Mamá Ocllo cruzaron elevadas montañas nevadas, atravesaron
caudalosos° ríos, caminaron por llanos° pedregosos° y desiertos;
soportaron calor y frío, viento, lluvia y nieve. A veces, se detenían
50 para descansar y aprovechaban la ocasión para intentar meter
la varilla en el suelo. ¡Nada!, nunca entraba fácilmente. Un
atardecer, llegaron al valle del Cuzco. Mamá Ocllo lo miró con
emoción y con un extraño estremecimiento°.

—¡Me gusta este sitio! ¡Ojalá que termine aquí nuestra
55 peregrinación°!—dijo con entusiasmo, mientras veía la luz solar
enrojecer las piedras de los montes—. ¡Allá!, ¡subamos aquella
colina°!—gritó, mientras señalaba con su dedo índice el cerro°
que tenía enfrente, que semejaba° incendiado° por el sol.

Subieron rápidamente. Desde el cerro de Huanacaure, el in-
60 dicado por Mamá Ocllo, se contemplaba un bello panorama del
valle. Al detenerse en aquella colina, Manco Cápac introdujo la
varilla en el suelo. ¡Esta se adentraba° y se hundía en la tierra a
toda velocidad! Como por arte de magia, la varilla desapareció
de sus vistas en un momento; parecía haber sido tragada° por
65 una boca voraz°.

—¡Es en este hermoso valle!—Mamá Ocllo exclamó, feliz y
radiante—. Es aquí donde Inti, nuestro padre y señor, quiere que
nos detengamos. ¡Este será el ombligo° del mundo!

—Sí, hermana y señora mía, en este valle estableceremos
70 nuestra nueva morada°. Esta será la cuna° de nuestra nación y
de nuestro linaje—afirmó Manco Cápac con orgullo.

En agradecimiento a Inti Tayta, Manco Cápac y Mamá Ocllo
erigieron° un Templo al Sol. Después, convocaron a toda la gente
de la región. La organizaron. Enseñaron leyes fundadas en el
75 amor y respeto, como Inti Tayta lo había deseado. Manco Cápac
mostraba el cultivo de la tierra a los hombres; y Mamá Ocllo, los
trabajos domésticos a las mujeres. La justicia por fin empezó a
señorear° la tierra; los habitantes vivían una prosperidad y una
felicidad que nunca antes habían conocido.

80 De esta manera, poco a poco, se iban creando las bases del
Estado Inca. Manco Cápac se convirtió en el primer Rey de
aquella nación. Él fue, por lo tanto, el primer *Inca*; y Mamá Ocllo,

Glosses (right margin):

entraba
tristeza

a veces

con mucha agua /
llanuras /
de piedra

tremor

pilgrimage

elevación / colina
parecía /
encendido

introducía

swallowed
insaciable

centro, lit. *navel*

residencia / origen,
lit. *cradle*

construyeron

dominar

felices

de oro

casarse con
deberá / *heir*

orgulloso

bases

la primera *Coya*, la primera Reina Inca. Los dos hermanos, y al mismo tiempo, esposo y esposa, vivían muy dichosos° juntos en su valle y con su pueblo. Ambos eran descendientes del dios Sol y estaban muy orgullosos de la sangre dorada° que corría por sus venas. Consciente de este hecho, una noche, Mamá Ocllo se acercó afectuosamente a Manco Cápac:

    —Esposo mío, tenemos que perpetuar la sangre de nuestro padre Inti. En el futuro, para mantenerla siempre limpia y pura, el Inca deberá hacer como nosotros y esposar a° su hermana; de ellos habrá de° nacer el heredero° al trono, por siempre jamás. Espero que todos nuestros descendientes sean tan felices como lo somos tú y yo.

    —Y que disfruten de la misma abundancia—añadió amorosamente Manco Cápac, el cual, enorgullecido° de su sangre y de la nueva raza que habían creado, fue de igual opinión que su hermana/mujer.

    Este fue el inicio de la construcción del gran Imperio de los Incas, el Imperio del Sol. Los fundamentos° de una nueva, rica y poderosa civilización se habían creado; y aquella zona del valle del Cuzco se convirtió en el centro de la misma.

85

90

95

100

Los edificios coloniales españoles están construidos sobre los cimientos de las construcciones incas.

Comprensión

1-6 ¿A quién se refiere? Identifica los personajes a quienes se refieren las siguientes descripciones.

I: Inti Tayta   **MC:** Manco Cápac   **MO:** Mamá Ocllo

1. _____ El dios Sol.
2. _____ El primer *Inca.*
3. _____ La primera Reina de los Incas.
4. _____ Sumergió a sus hijos en el Lago Titicaca.
5. _____ Recibió la varilla de oro.
6. _____ Llenó el Lago Titicaca con sus lágrimas.
7. _____ Quería que su pueblo viviera en paz.
8. _____ Hizo una larga peregrinación.
9. _____ Encontró un lugar ideal.
10. _____ Pudo introducir la varilla en la tierra.

1-7 Las partes del mito. Identifica los siguientes segmentos de la historia y escribe una frase explicando dónde aparece cada uno.

MODELO: el problema

El problema se introduce en el primer párrafo. Según el narrador, el mundo estaba en caos, con hambre y confusión por todas partes.

1. el enojo
2. la decisión
3. el desafío
4. la alegría
5. la resolución

1-8 La creación de un pueblo. Antes de leer la historia, les pedimos que buscaran paralelos con otras historias de la creación que conozcan. Ahora, conversen entre ustedes para identificar algunos puntos en común con otras historias, y otros puntos en que se diferencien. Pueden usar estas preguntas como base para su conversación: ¿En qué cultura es popular la historia? ¿Quiénes son los personajes principales? ¿Cuáles son algunas dificultades que enfrentan?

Aplicación

👥 **1-9 Sangre real.** En esta leyenda Manco Cápac y Mamá Ocllo son hermanos y esposos a la vez. Conversen entre ustedes sobre las siguientes cuestiones planteadas por tal arreglo.

- ¿Cuándo era más común que los reyes se casaran con miembros de su propia familia?
- ¿Cuáles serían los motivos para tal unión?
- ¿Conocen alguna obra literaria en que dos familiares se enamoran sin darse cuenta de su parentesco? ¿Qué conflictos ocasiona esto y cómo se resuelven?

🔘 **1-10 Escucha el mito.** Escucha la grabación de "La Creación Inca", fijándote en la pronunciación, la entonación y la dramatización de la persona que la narra. Escoge una sección de dos o tres párrafos que te guste, y practica leyéndola en voz alta, imitando el tono de la narración. Después presenta tu pieza a la clase.

🖱 **1-11 El Camino Real del Inca.** Debido a que su reino era tan extenso, los incas tenían una manera bastante novedosa de comunicarse. Conéctate con la página web de *Leyendas del mundo hispano* para ver fotos y una explicación de su camino. Escribe un párrafo describiendo este camino y lo que hacían para mantener la comunicación entre comunidades.

🖱 **1-12 La música andina.** La música andina se destaca por sus melodías producidas por sus instrumentos de viento, especialmente la *quena* y las *zampoñas*. Conéctate con la página web de *Leyendas del mundo hispano* para leer más sobre esta música y escuchar una selección.

- ¿Conoces alguna melodía andina?
- ¿Cómo caracterizas su música? ¿Inquietante? ¿Alegre? ¿Triste?
- ¿Qué instrumentos oyes? ¿Con qué materiales estarán fabricados?
- ¿Cómo es la ropa de los músicos? Explica por qué se visten así.

Análisis, síntesis y evaluación

👥 **1-13 La cosmovisión de los incas.** Se podría decir que los incas eran bastante etnocéntricos, es decir, creían que eran el centro del universo. Piensen en otra civilización etnocéntrica, antigua o moderna, y conversen sobre sus características y sus prácticas. ¿Qué tiene en común con la sociedad en que viven hoy en día?

🖱 **1-14 Machu Picchu.** Uno de los sitios incaicos más misteriosos es Machu Picchu, oculto a los ojos de los extranjeros hasta el siglo XX. Conéctate con la página web de *Leyendas del mundo hispano* para ver fotos y más detalles de este famoso lugar. Luego, imagínate

que eres un príncipe habitante de Machu Picchu durante la época de la colonización española. Escribe una lista de actividades y quehaceres para sus súbditos.

MODELO: los obreros

Tienen que tallar (carve) piedras para construir las paredes del templo.

1. las princesas   3. las sirvientas   5. los soldados

2. el emperador   4. los sacerdotes

1-15 Foro: La creación. En tu foro o diario, imagínate que eres Manco Cápac o Mamá Ocllo, y que mantienes un diario de la creación. Escribe tres entradas que representen los tres primeros días del mundo.

Día 1:	*Hoy nuestro padre nos . . .*
Día 2:	
Día 3:	

1-16 Las normas de la civilización. Según "El Mito de la Creación Inca", el dios Inti Tayta quiso crear una civilización formada en la paz y la justicia. ¿Es posible tener un mundo en paz? Formen equipos de dos o tres personas para debatir sobre alguno de los siguientes puntos.

- Es posible vivir en paz en el mundo de hoy.
- La democracia es el único sistema de gobierno que garantiza la justicia.
- Los derechos humanos no pueden aplicarse a todas las personas del planeta.
- Los países ricos tienen la obligación de compartir sus riquezas con los más pobres.

Frases comunicativas:

- En mi opinión, …
- Con todo respeto, …
- (No) creo que…

MODELO: *En mi opinión, es imposible que todas las naciones del mundo vivan en paz. Vean el ejemplo de este país, …*

Capítulo 2

La yerba mate (Argentina / Paraguay / Uruguay)

La yerba mate es una bebida popular en todo el Cono Sur
(Argentina, Paraguay, Uruguay, Chile) y partes de Brasil.

Contexto cultural

Más que una bebida, la yerba mate, o simplemente el mate, es parte de
la cultura de Argentina, Paraguay, Uruguay, Chile y Brasil. Con las hojas
secas del árbol perenne°, *Ilex paraguariensis*, se hace un líquido que es
parecido al té. Hay varias costumbres que se asocian con el mate. Generalmente, el recipiente que se usa para tomar el mate está hecho de una
calabaza° pequeña y a veces está decorado con bordes y ornamentos de
plata. El mate se toma mediante un tubo metálico que se llama "bombilla", el cual contiene un pequeño colador° al extremo para prevenir
que entren las hojas machacadas°. Tomar la yerba mate en casa de un
anfitrión° es casi como un ritual. Primero, lo toma el anfitrión, quien
vacía° el recipiente; luego, este llena de nuevo el mismo recipiente y se lo

evergreen

gourd

sieve
crushed
host
empties

19

pasa al invitado, quien a su vez también lo vacía; y el proceso se repite. Muchas personas hacen el mate solamente con agua caliente, pero otros prefieren echarle leche, azúcar o miel.

Hoy en día, el mate es conocido en otros países fuera del mundo hispano por sus cualidades beneficiosas, y se puede conseguir frecuentemente en los centros naturistas. La palabra "mate" es de origen quechua y viene de la palabra "matí", la cual era usada para designar a la calabacilla que se usaba para beber el té. Actualmente, los indios de Paraguay mastican° las hojas para provocar alucinaciones. De hecho°, tienen varias leyendas para explicar su existencia. En este mismo capítulo, tendrás la oportunidad de conocer la leyenda de la diosa Yací.

chew / in fact

¿Sabías que el 52% del territorio argentino se dedica a la ganadería?; eso explica en parte por qué, en Argentina, el consumo de carne es el más grande del mundo.

Preparación

2–1 Los recipientes y los utensilios especializados. Muchas veces las comidas o las bebidas requieren un recipiente específico; por ejemplo, el mate se prepara en una calabaza y se mezcla con una bombilla. ¿Qué otras comidas o bebidas conoces que requieran un recipiente o un utensilio especializado? ¿Hay alguna tradición específica a la hora de tomarlas o comerlas?

MODELO: *El café expreso se prepara en una cafetera pequeña y se sirve en una tacita o un vaso con uno o más cubitos de azúcar. Es una bebida fuerte, popular en muchos países hispanos, que se toma durante el día o después de una comida.*

2-2 La luna. Durante siglos, la luna, el sol, la lluvia y el viento han sido representados de manera particular, a veces con distintas personalidades. ¿Cómo caracterizarías alguno de estos elementos? Escribe un párrafo en el que incluyas tanto lo físico como lo psicológico. Luego júntate con un/a compañero/a para comparar sus descripciones.

MODELO: *En una leyenda china, un conejo se sacrifica para darle de comer a un viejo que finge estar muy hambriento. El viejo admira su valentía y le tiene lástima al conejo; por eso, lo manda a luna, donde aún vive y se le conoce como "el conejo de jade". En China se celebra el festival de la Luna en otoño….*

2-3 Expresiones clave. Lee las oraciones siguientes y busca un sinónimo de las expresiones en **negrita**. Primero, reemplaza la expresión con la forma correcta del sinónimo y sus modificantes, si es necesario; luego, escribe otra oración original usando la palabra que cambiaste.

MODELO: La luna esperaba **alumbrar** el bosque, pero su luz no era lo bastante fuerte para verlo bien.
    iluminar; *Los faroles de la calle **alumbran** la noche más oscura.*

contentar	casita	hundirse
cansado	fuerte ruido	sendero

1. El señor vivía en una **choza** humilde de una sola habitación.
2. La luna estaba **harta** de su vida solitaria y decidió bajar a la tierra.
3. Por ser tan buena amiga, Araí decidió **complacer** a Yací ayudándola a visitar la tierra.
4. Las dos amigas caminaban por los **vericuetos** del bosque. Algunos eran tan rocosos que era difícil pasar.
5. Cuando amaneció el sol, Yací tuvo que taparse los oídos por el **alboroto** de los animales e insectos.
6. Cuando el viejo indio vio el animal feroz, le tiró una flecha, la cual **se clavó** en el pecho del animal.

2-4 La hermandad. ¿Cuáles son algunas de las acciones y símbolos que representan para ti la hermandad? ¿A quiénes consideras "hermanos/as"? ¿Qué harías para ayudar a un/a "hermano/a"?

MODELO: *Una acción de hermandad es compartir la comida con una persona necesitada.*

2-5 Si fueras la luna… Mientras lees esta leyenda, piensa en qué harías tú si te encontraras en la situación de Yací.

Yací, la luna, anhelaba bajar de día a la tierra.

La yerba mate

Yací la luna ya estaba cansada de verlo todo desde arriba y a
oscuras. De naturaleza curiosa, Yací se esforzaba por observar
cuanto podía: se infiltraba entre las ramas de los árboles, pero su
luz no era suficiente para alumbrar el profundo bosque; enviaba
ventanas pequeñas sus rayos a través de los ventanucos° de las chozas, pero su tímido 5
luz fulgor° no despertaba a ninguno de sus dormidos moradores;
intentaba descubrir los secretos de los ríos, pero el espejo de sus
aguas le devolvía siempre su rostro melancólico. Pasaba las horas
owl conversando con el búho° y discutiendo con las estrellas.

    —¡Qué aburrimiento!, ¡siempre lo mismo!—se quejaba Yací—. 10
Ojalá pudiera bajar de día a la tierra y verla de cerca y clarita.
¡Araí la nube, esa sí que tiene suerte! Ella se pasea de noche y de
fisgar: curiosear día, con lluvia y sol; lo fisga° todo. Se conoce de memoria hasta
la más pequeña esquina.

    Una noche, Yací la luna se decidió a hablar con Araí la nube: 15

    —Araí, ¿por qué no me llevas contigo a la tierra? Estoy harta
de contemplar siempre lo mismo. Quiero conocer nuevos lugares,
sentarme juntito a los seres humanos. ¿Me ayudarás? Podría…
observar los mil colores de las flores, sorprender un arco iris, o ¡ver
all dressed up al Sol vestido de gala°! 20

    Araí estuvo de acuerdo. Yací era su amiga y deseaba
complacerla. Aquella misma noche Yací bajó con ella. Para no

ser reconocidas, descendieron a la tierra convertidas en dos
lindas mujeres.

25   El amanecer° las sorprendió paseando por la selva. ¡Qué   comienzo del día
hermosura! Yací se emocionaba a cada instante, explorando
todos los rincones con ojos de descubrimiento. ¡Era tan diferente
a la noche! El crepúsculo° estaba lleno de un misterio que la   *twilight*
mirada amarilla de Yací apenas conseguía desvelar°. "La noche   descubrir, mostrar
30   es bella—se repetía Yací—, pero ¡cuántas maravillas se descubren
a la luz del día!"

Caminaban por vericuetos° escondidos entre la vegetación.   *rough path*
Acostumbrada al silencio de las sombras, Yací no podía creer el
alboroto° que se escuchaba en el aire. Tan fascinadas andaban   ruido
35   Yací y Araí, que no se dieron cuenta de que un yaguareté° las   jaguar
observaba desde el tronco de un árbol.

La fiera lanzó° un potente rugido° que dejó paralizadas de   *hurled / roar*
terror a las dos mujeres. Tanto Yací como Araí, debido a su transformación, habían perdido sus poderes sobrenaturales. Querían
40   huir y no podían. Querían gritar y ningún sonido salía de sus gar-
gantas°. Creyeron morir al ver cómo se lanzaba desde el árbol el   *throats*
yaguareté sobre ellas. En ese mismo instante, cuando daba el
animal su enorme y ágil salto, una flecha° surcó el aire y fue a   *arrow*
clavarse en el cuerpo del felino.

45   El yaguareté, enfurecido y malherido, se revolvió sobre sus
patas. Se dio la vuelta y se abalanzó° sobre su atacante, un viejo   se lanzó
indio. El anciano, diestro° arquero, tendió de nuevo su arco° con   *skillful / bow*
calma. Esta vez la flecha atravesó el corazón palpitante del
enorme animal.

50   El peligro había desaparecido. El viejo indio dirigió sus ojos
hacia las jóvenes; ¡no podía verlas! Yací y Araí, convertidas otra
vez en luna y nube, miraban la escena desde lo alto.

Aquella noche, en su choza, el indio se acostó pensando que
todo había sido una alucinación. Y empezó a soñar. Soñó que la
55   luna y una nube le hablaban:

—Buen hombre, queremos premiar tu noble acción. Vamos a
hacerte un regalo. Cuando despiertes, hallarás una planta maravillosa a la puerta de tu casa. Esta mata° se recubrirá de hojas   arbusto, planta
verdes. Cosecharás las hojas y las tostarás°; con ellas harás una   tostar: *to toast*
60   infusión°. Esta bebida te acompañará y te alimentará. Ofrécesela   té
al viajero: animará al débil y reconfortará al enfermo.

El viejo indio despertó y allá mismo, frente a su choza, como si
de un encantamiento se tratara, vio un árbol fascinante. La brisa
mecía° sus hojas verdes. Esta planta amiga era la de la yerba   mecer: balancear,
65   mate, símbolo de la hospitalidad y expresión de hermandad.   mover

regalo   Comparte su infusión con tu vecino, pues será el mejor obsequio°
invitado   para tu huésped°.

                  El que en esta tierra
toma mate   matea° una vez
se hace ciudadano se ciudadaniza°
                  en menos de un mes.

Ilex paraguariensis, la planta perenne que produce la yerba mate.

Comprensión

2-6 ¿Cierto o falso? ¿En qué orden? Corrige las oraciones falsas y pon todas en orden cronológico de 1 a 10, según la leyenda.

C/F	Orden	
_____	_____	También se conoce por sus propiedades medicinales y saludables.
_____	_____	Yací encuentra que la selva es aún más bella de lo que esperaba.
_____	_____	Las diosas le agradecen su valentía dándole como obsequio una planta maravillosa.
_____	_____	La luna se aburre de ver siempre el mundo desde arriba.
_____	_____	Decide pedirle ayuda a su amigo, el Sol.
_____	_____	La luna y el viento se convierten en mujeres pobres para que nadie las reconozca.
_____	_____	El feroz animal agarra a las dos mujeres, incapacitadas para usar sus poderes sobrenaturales.

_____ _____ Hoy en día, la yerba mate es símbolo del amor.

_____ _____ El yaguareté espía a las dos lindas criaturas, mientras se le hace la boca
agua.

_____ _____ El viejo indio lo mata con su flecha.

👥 **2-7 ¿Cómo figuran estas expresiones?** Elaboren el contexto en que figura cada una
de estas expresiones.

MODELO: el fulgor

*Yací se queja de que su **fulgor** es demasiado débil para despertar a la gente dormida.*

1. las chozas
2. las estrellas
3. el aburrimiento
4. descender (ie)
5. el crepúsculo

6. el alboroto
7. huir
8. diestro/a
9. la infusión
10. matear

👥 **2-8 Vuelvan a contar la leyenda.** Túrnense para recontar la leyenda desde el punto
de vista del viejo indio. Incluyan esta información:

- dónde estaba

- qué hacía

- qué vio

- qué hizo

- qué pasó luego

- qué hizo después

- qué encontró al día siguiente

- qué lección aprendió de su experiencia

MODELO: *Una noche de luna llena, me encontraba en el bosque…*

Aplicación

2-9 Escucha la leyenda. Escucha la grabación de "La leyenda de la yerba mate", fijándote en la pronunciación, la entonación y la dramatización de la persona que la narra. Escoge una sección de dos o tres párrafos que te guste y practica leyéndola en voz alta, imitando el tono y las emociones del narrador: la curiosidad, la felicidad, el temor, la valentía… Después presenta tu pieza a la clase.

2-10 Pónganse en su lugar … Antes de leer la leyenda les pedimos que pensaran en qué harían si fueran Yací. Ahora túrnense para contárselo entre ustedes.

Análisis, síntesis y evaluación

2-11 Un "reality show". Hagan el papel de los personajes de la leyenda, y el de una personalidad de la televisión que entreviste a gente que haya experimentado alguna crisis o aventura de interés para los televidentes. El/la entrevistador/a preparará las preguntas y se las hará a los personajes de la leyenda. Usen su imaginación para hacer y responder las preguntas.

MODELO: Entrevistador/a: *Araí, ¿por qué decidiste acompañar a Yací a la Tierra?*
Araí: *Yací nunca me dejaba en paz; siempre se quejaba de estar aburrida. Por eso, decidí complacerla.*

2-12 Pónganla en escena. Hagan el papel de los diferentes personajes y dramaticen la leyenda para la clase.

native to   **2-13 Las regiones de la yerba mate.** La planta que produce la yerba mate es oriunda de° Argentina, Paraguay, Uruguay y Brasil. Conéctate con la página web de *Leyendas del mundo hispano* e investiga el clima, la topografía o la economía de las regiones donde se produce. Escribe un párrafo en español sobre algunos de los aspectos que encuentres. Compara estas características con las del lugar donde vives tú.

2-14 Los remedios naturales. Según las investigaciones y las creencias populares, la yerba mate sirve para muchas cosas: para adelgazar, para aliviar el hambre y la sed, para remediar la artritis, el estrés, el cansancio y las alergias. También se cree que estimula el pensamiento y retarda el envejecimiento. ¿Qué otros remedios naturales se consideran útiles para mantener la buena salud? ¿Qué evidencia apoya su valor?

2–15 Foro: Las comidas y las bebidas tradicionales. Muchas culturas insisten en que la preparación y la presentación de la comida deben seguir algunas normas muy específicas. Por ejemplo, la comida *kosher* tiene que prepararse bajo la supervisión de un rabino; la comida que se sirve entre los musulmanes, al romper el ayuno durante el Ramadán, incluye ciertos platos tradicionales. Escribe tu entrada en el foro sobre tradiciones o normas que conozcas, por razones religiosas o culturales, para la preparación de la comida.

Las tradiciones culinarias están muy ligadas a la cultura.

2-16 Las tradiciones culinarias y medicinales. Las tradiciones culinarias y medicinales están muy ligadas a las culturas en que se encuentran. Formen grupos de dos o tres personas para debatir sobre alguno de los siguientes temas.

- La medicina natural es menos válida que la basada en la investigación científica.
- El poder de la sugestión o de la fe es muchas veces más fuerte que el de la medicina.
- Una dieta vegetariana es mucho más saludable que una omnívora.

Frases comunicativas:

- Según la investigación …
- (No) es cierto que…
- En mi experiencia…

MODELO: *No es cierto que la medicina basada en la investigación científica sea más válida que la natural. Según la investigación…*

CAPÍTULO 3

LOS AMANTES
DE TERUEL (ESPAÑA)

Teruel, una encantadora ciudad de origen medieval, es conocida por su arquitectura mudéjar[1].

read for test   *record + send b4 test*

Contexto cultural

Dentro de las calles serpentinas de su ciudad amurallada°, entre las torres mudéjares de sus iglesias medievales, nació en la ciudad aragonesa° de Teruel una bella historia de amor que sigue inspirando fantasías románticas hasta el día de hoy. Esta es la historia de "Los Amantes de Teruel", la historia de Juan e Isabel, la historia de un beso negado y de un beso concedido.

walled

de la región española de Aragón

Esta leyenda data de la Reconquista, un período de casi ochocientos años durante el cual los cristianos lucharon por recuperar los territorios de la Península Ibérica perdidos frente a los musulmanes. Estos musulmanes, a quienes se les llamaba "moros", habían llegado a España en el año 711 como parte de una campaña militar para extender el Islam a

---

[1]Arte mudéjar es el nombre que se da a la producción artística de los musulmanes° que vivían en territorio cristiano en la España medieval. Los mudéjares eran los musulmanes que, tras la reconquista de un lugar, se quedaban viviendo bajo dominio cristiano.

muslims

nuevas tierras. En menos de cien años, desde el inicio de su expansión, los árabes musulmanes ya habían conquistado Persia, varias partes del Imperio Bizantino, incluidas las provincias de Siria, Palestina, Egipto y todo el norte de África. En España, los musulmanes ganaron batalla tras batalla hasta la victoria cristiana de Covadonga en el año 722. Allí, en Covadonga, en Asturias, los cristianos pudieron detener el avance musulmán y formar un estado cristiano en las montañas del noroeste de la Península Ibérica; comenzaron entonces la lenta y violenta recuperación de la península, la cual terminó en 1492 con la conquista del Reino de Granada.

Hasta hoy no se ha podido determinar si la leyenda de "Los Amantes de Teruel", que tiene lugar en esta época, es verdadera o falsa. En 1555, dos cadáveres identificados como Juan e Isabel fueron encontrados en la iglesia de San Pedro y luego enterrados en una capilla al lado de dicha iglesia. Esta capilla hoy se conoce como el Mausoleo de los Amantes, donde el visitante puede ver dos sepulturas del siglo XIX, sobre las cuales reposan representaciones dramáticas en alabastro de los dos amantes trágicamente muertos. Tanto si se basa en hechos verídicos como si no, la leyenda de "Los Amantes de Teruel" ha inspirado a algunos de los dramaturgos más famosos de la literatura española, como a Juan Hartzenbusch[2]. Actualmente, el visitante de Teruel puede andar por las mismas calles que pisaron° Juan e Isabel, y pasar por el mismo arco por donde salió Juan en busca de fortuna, en una ciudad espléndida de cerámica y ladrillo° que fue declarada Patrimonio Artístico de la Humanidad por las Naciones Unidas° en 1986.

por donde caminaron
brick
World Heritage Site

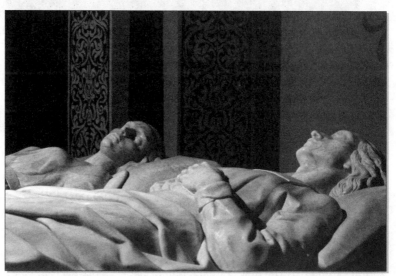

La tumba de Juan e Isabel, los Amantes de Teruel.

---

[2] Escritor español (1806–1880), conocido sobre todo por sus dramas históricos. Entre otros, destaca *Los Amantes de Teruel* (1837).

Preparación

3-1 Ponte en el escenario. Conéctate con la página web de *Leyendas del mundo hispano* para investigar dónde se sitúa la ciudad de Teruel, su clima y su topografía. Indica la ubicación de Teruel y otras ciudades importantes españolas en el siguiente mapa. Escribe un párrafo para comparar el clima y la topografía de dos o más lugares. ¿Cuáles de estas ciudades, en tu opinión, reflejarán influencia mudéjar en su arquitectura?

Alicante	Córdoba	Madrid	Segovia
Almería	La Coruña	Málaga	Sevilla
Barcelona	León	Murcia	Teruel
Cádiz	Granada	Salamanca	Valencia

3-2 De viaje. Usa la foto del comienzo de este capítulo como tarjeta postal e imagina que hoy estás en Teruel. Escribe por lo menos cinco frases comparando tus impresiones de Teruel con tu ciudad o pueblo. Cambia tu "tarjeta" con la de un/a compañero/a para contrastar descripciones.

MODELO: *La ciudad de Teruel data de la época medieval. Está rodeada de anchas murallas que la protegían de invasiones…*

3-3 Otros amantes desdichados (desafortunados). La leyenda de "Los Amantes de Teruel" tiene mucho en común con la tragedia *Romeo y Julieta*, escrita por Shakespeare. Utilicen estos puntos para contar de nuevo la historia de los Amantes de Verona.

- los temas universales
- el lugar y la época en que ocurre
- los personajes principales
- la relación entre ellos
- el conflicto
- la resolución

3-4 Expresiones clave. Empareja las expresiones en **negrita** con su sinónimo o definición en la columna a la derecha. Luego escribe otra oración completa usando la palabra que cambiaste.

MODELO: Era un joven muy **apuesto**; todos lo admiraban por ser tan guapo.
*En la política, los hombres **apuestos** y adinerados tienen más éxito.*

1. _____ La joven **doncella** tenía 15 años.

2. _____ Desgraciadamente, su **dicha** no duró mucho y pronto todo les salió muy mal.

3. _____ El joven sintió un dolor que era como un **quejido.**

4. _____ En el corazón de Isabel **brotó** la esperanza. Su cara se llenó de alegría.

5. _____ He **hecho votos** de no casarme en cinco años.

6. _____ Es mi deseo que **te desposes** con otro.

7. _____ El joven furioso **se precipitó** a casa de su novia.

8. _____ Momentos después, el matrimonio entró en **el tálamo** nupcial y se acostó.

9. _____ La novia se acercó al **féretro** y besó la cara de su amado muerto.

10. _____ El joven, **arrebatado** por el dolor, gritó el nombre de su amante.

a. lamento

b. te cases

c. caja del muerto

d. surgió

e. señorita

f. se dirigió

g. prometido

h. felicidad

i. la cama

j. movido

3-5 La vida de la mujer. En la Edad Media, la vida de la mujer era muy diferente a la de hoy. Imagínense cuáles serían las diferencias entre la vida de la mujer actual y la de la Edad Media. Preparen una lista de por lo menos 6 diferencias.

MODELO: *Una mujer de la clase media habría tenido sirvientes en casa, pero toda labor habría sido más difícil que las labores de hoy en día.*

3-6 Temas universales. En la literatura hay ciertos temas universales. Mientras vas leyendo la historia, anota cuáles de los siguientes aparecen y en qué situación.

MODELO: el amor imposible
El padre de Isabel prohíbe que se case con Juan…

- el honor
- el orgullo
- la fidelidad
- el respeto
- la valentía
- la cobardía

Los Amantes de Teruel

En la ciudad española de Teruel, en 1217, fueron enterrados juntos en un sepulcro de alabastro, en la iglesia de San Pedro, Juan Diego Martínez de Marcilla e Isabel de Segura. ¿Quiénes eran? ¿Por qué yace uno al lado de la otra? He aquí la historia.

Era Marcilla un joven muy apuesto de la ciudad de Teruel. Un buen día, contaba Marcilla con alrededor de veintidós años, sus ojos tropezaron° con la hermosura de Isabel, doncella de quince abriles. Mirarse a la cara y enamorarse todo fue uno para los dos jóvenes. Sus corazones se juraron fidelidad y sus labios, amor eterno. Mas, ¡funesto° destino!, su dicha° no duró mucho y sus desgracias pronto empezaron.

lit upon

desastroso / felicidad

La Escalinata del Paseo del Óvalo, Teruel.

La familia de Isabel era muy rica y la de Marcilla, por el contrario, pobre. Cuando Marcilla, feliz en su deseo, pidió al padre de Isabel, don Pedro Segura, la mano de su hija, este le contestó:

—Don Juan, yo aprecio a vuestra merced°, pero nuestra familia es una de las grandes del Reino, y vuestra merced apenas tiene bienes° dignos de consideración. Mi hija debe casarse con un hombre de su posición social y hacienda.

forma antigua de respeto

propiedades

Marcilla, por sus venas corriendo un quejido°, se lo contó a su amada. Isabel, llorando sus ojos y con el corazón partido, le respondió:

lamento

—Juan, yo no iré contra la voluntad° de mi padre. No puedo casarme contigo sin su consentimiento.

deseo

—Isabel, si tú me quieres esperar cinco años, yo iré a la guerra y buscaré, ya sea por mar, ya sea por tierra, las riquezas que me permitan ser tuyo.

surgió

En el corazón de Isabel brotó° la esperanza y le concedió, con alegría, los cinco años de plazo. Por cinco años, Marcilla peleó contra los moros[1], por tierra y por mar, ganando fama y fortuna. Durante este tiempo, don Pedro presionaba a su hija para que se casara. Esta se excusaba: 45

—He hecho votos de no casarme hasta cumplir los veinte años. Las mujeres no deben unirse a un hombre hasta saber cómo administrar su casa.

Aquellos cinco años pasaron rápidamente, demasiado. Al cabo de estos años, don Pedro dijo a Isabel: 50

—Hija mía, el plazo se ha cumplido. Es mi deseo que te desposes con don Rodrigo de Azagra.

destino

Una Isabel resignada aceptó la voluntad de su padre: la boda se celebró unos días después. Pero, ¡hado° cruel!, la misma tarde en que se casaban Isabel y Azagra, llegó Marcilla a Teruel 55 rico y con salud. Cuando supo que Isabel acababa de unirse en matrimonio a otro hombre, la angustia acumulada durante cinco

explotó / ahogado;
muffled

años estalló° en un gemido sordo° y prolongado. Marcilla, fuego en las pupilas, se precipitó a casa de los recién casados, se metió en la alcoba y se escondió debajo de la cama. Momentos 60 después, el matrimonio entró en el tálamo nupcial y se acostó. Tan pronto como se quedaron dormidos, salió Marcilla de debajo de la cama y despertó a Isabel:

—Isabel, he vuelto. ¿Por qué no me esperaste? ¡Soy yo, Marcilla! 65

Isabel se despertó espantada:

—¡Dios mío, Marcilla! ¡Perdóname, Juan! ¡Perdón, perdón!… ¡Márchate! ¡Márchate ahora, por favor!—susurró Isabel, al borde de la locura. —¡No quieras que yo pierda mi honra!

Marcilla, arrebatado por el dolor y el recuerdo, gritó silen- 70 ciosamente:

—¡Isabel, bésame!, ¡que me muero!

—Marcilla, te lo ruego por mi honor, ¡vete! Me he casado, ya no soy tuya. Mis besos pertenecen a mi marido.

—¡Bésame!, ¡que me muero! 75

Estas palabras agónicas fueron las últimas que Marcilla pronunció antes de morir. Isabel, horrorizada, empezó a lamentarse en voz alta. Su marido despertó sobresaltado:

—¿Qué te pasa amor mío? ¿Qué tienes?

Isabel inventó una excusa rápidamente: 80

---

[1] Habitante u originario del Norte de África. Se llama así también al musulmán que habitó en España desde el siglo VIII hasta el XV.

—¡Un sueño, un sueño terrible! Algo horrible le sucedió a mi amiga en este sueño.

Lo que Isabel contó a Azagra acto seguido fueron los acontecimientos de aquella noche, como si solamente fueran un lance° ocurrido a una amiga en un sueño. Cuando terminó el relato, preguntó a su esposo qué pensaba de la conducta de su amiga.

incidente

—Tu amiga fue una necia°. Debió besar a su amante—fue la respuesta de Azagra.

tonta

—Necia sí, pero honrada—contestó Isabel. Entonces, le dijo la verdad a su marido y le mostró el cadáver de Marcilla.

Azagra, aterrado y temeroso de que le echaran la culpa de aquella muerte, sacó de la habitación el cuerpo del amante. Con ayuda de Isabel, lo dejó delante de la puerta de la casa del padre de Marcilla. A la mañana siguiente, este encontró el cuerpo sin vida de su hijo. Entre lágrimas y suspiros, el desconsolado padre le organizó un gran entierro en Teruel.

Llevaron el cuerpo de Marcilla a la iglesia de San Pedro para darle sepultura. En medio de esta iglesia, colocaron el túmulo° donde introdujeron el cadáver. Isabel, presente durante la ceremonia, se acercó al féretro°, descubrió la cara de Marcilla y, desbordada° de amor, pesar° y arrepentimiento°, besó el rostro de su amado muerto. Tan pronto como lo besó, cayó muerta al pie del sepulcro, exclamando:

la tumba

sarcófago
llena / tristeza / remordimiento

—¡Tuya muero!

Los asistentes al funeral estaban atónitos. Azagra, el esposo de Isabel, a todos contó la verdad del caso. Teruel entera se conmocionó. Viendo tan gran amor, se decidió enterrar a los dos amantes juntos, en el mismo sepulcro, en la iglesia de San Pedro de Teruel. Isabel y Marcilla por fin podían reposar la una junto al otro; y por fin pudieron celebrar sus bodas póstumas.

Así se acaba la historia de los Amantes de Teruel.

Comprensión

3-7 Temas universales. Antes de leer la leyenda te pedimos que buscaras evidencia de algunos temas universales. ¿Cuáles encontraste y cómo se muestran?

3-8 Vuelve a contarla. Empareja las dos partes de las siguientes frases para formar frases lógicas según lo que has leído. Luego, ordénalas cronológicamente y cuenta la historia con tus propias palabras.

1. _____ Se decidió enterrar…
2. _____ Marcilla llegó de nuevo a Teruel y…
3. _____ Isabel dijo: "Me caso cuando…"
4. _____ Pedro Segura se opuso a Marcilla como esposo de Isabel porque…
5. _____ La noche de la boda, Marcilla…
6. _____ Marcilla se murió de…
7. _____ En el entierro de Marcilla, Isabel…
8. _____ Isabel se enamoró de Juan…
9. _____ Azagra creía que…
10. _____ Marcilla salió de Teruel, prometiendo…

a. tristeza por haber perdido a su amor.
b. "la amiga" de Isabel debió besar a su amante.
c. a los dos amantes juntos.
d. buscar la riqueza necesaria para casarse con Isabel.
e. no era de una familia de bien.
f. entró en el tálamo nupcial de Isabel y su marido.
g. fue inmediatamente a encontrar a su amor.
h. a primera vista.
i. cumpla veinte años.
j. cayó muerta.

Aplicación

3-9 Escucha la leyenda. Escucha la grabación de "Los Amantes de Teruel", fijándote en la pronunciación, la entonación y la dramatización de la persona que la narra. Escoge una sección de dos o tres párrafos que te guste y practica leyéndola en voz alta, imitando el tono y las emociones del narrador: la pasión, la promesa, la agonía… Después presenta tu pieza a la clase.

3-10 El síndrome del "corazón roto". Según las investigaciones científicas, la muerte inesperada de un ser querido puede golpear el corazón y causar síntomas de infarto. Sin embargo, es común que la víctima se recupere de la enfermedad. Si este fuera el caso de Isabel, ¿de qué habría muerto? Inventen otro desenlace para explicar la muerte de los dos Amantes.

3-11 Una investigación del caso. Preparen individualmente una lista de cinco preguntas para hacerles a los personajes de la leyenda. Luego, túrnense para hacérselas a los miembros del grupo. Sean creativos en sus respuestas.

MODELO: E1: *Marcilla, ¿por qué te fuiste a la guerra?*

E2: *Era la única manera de mejorar mi situación económica. Sabía que mi novia nunca se casaría conmigo si no tenía lo suficiente para comprarle una mansión con muchos sirvientes.*

Análisis, síntesis y evaluación

👤👤 **3-12 Pónganse en su lugar.** ¿Bajo qué circunstancias esperarían a un/a novio/a mientras él/ella cumple un deber? ¿Por qué decidirían irse con otro/a? Mencionen casos concretos de gente que conozcan.

MODELO: *En una guerra, sería importante no abandonar a la persona que tiene que ausentarse por razones de deber u honor…*

3-13 La administración de la casa. Isabel dijo que no se casaría hasta saber cómo administrar su casa. Compara lo que probablemente significaba esa expresión en aquella época con lo que significa hoy día.

MODELO: *Isabel habría tenido sirvientes para limpiar la casa. Hoy en día, toda la familia ayuda en los quehaceres…*

3-14 Necrología. Escribe un anuncio para el periódico, dando los detalles de la muerte de los amantes, el entierro, las reacciones del pueblo, de las familias, etc. Puedes usar el siguiente encabezamiento como modelo:

Juan Diego Martínez de Marcilla

Isabel de Azagra

Ayer, a las tres de la tarde, en el domicilio de los recién casados, don Rodrigo de Azagra y su señora, fallecieron…

3-15 Foro: Desde otro punto de vista. Cuenta la historia de los Amantes de Teruel desde el punto de vista de Isabel o de Juan. ¿Qué hacía Isabel mientras esperaba? ¿Cómo lo pasaba Juan en la guerra contra los moros? Hazlo en forma de una entrada en tu foro.

⚖ **3-16 La mejor pareja.** Hoy en día, en varias partes del mundo los padres suelen buscar pareja para sus hijos. Formen equipos de dos o tres personas para debatir sobre alguno de los siguientes temas.

- El matrimonio es más duradero si la pareja es del mismo nivel socioeconómico.
- La pareja debe pasar por un período de prueba o compromiso de por lo menos cinco años antes de casarse.

Frases comunicativas:

- Todo el mundo sabe que …
- Estoy convencido/a de que…
- Primero,… Segundo,… Finalmente,…

MODELO: *Estoy convencido de que el noviazgo es una pérdida de tiempo…*

CAPÍTULO 4

LOS VOLCANES (MÉXICO)

Los volcanes Iztaccíhuatl y Popocatéptl.

Contexto cultural

Llevando unas coronas de nieve, los volcanes gemelos° Popocatéptl e Iztaccíhuatl se asoman majestuosamente en el horizonte mexicano. Visi-
bles desde las ciudades de México y de Puebla, los dos se encuentran
entre las montañas más altas de América del Norte. Sin embargo, para
muchas personas, la fama de estas dos magníficas formaciones geológicas descansa en las creencias que han inspirado desde los tiempos precolombinos hasta el día de hoy. Popocatéptl es el volcán guerrero, el más
alto y activo de los dos. Su nombre quiere decir "montaña que humea"
en náhuatl, el idioma de los aztecas. Iztaccíhuatl, "dama blanca" en
náhuatl, es la fallecida princesa azteca. Muchas personas que hoy habitan la falda de las montañas llaman a los volcanes "don Goyo" y "doña
Manuela", contando una versión hispanizada de la leyenda azteca. Se
cree que "don Goyo" controla la lluvia y que no entrará en erupción si
los habitantes le ofrecen regalos; instrumentos musicales, por ejemplo.

hermanos que
nacen el mismo
día

39

No es raro

dormida

pico

grupo / mammoths
los materiales que echa el volcán cuando entra en erupción

UFOs
summits

Estas creencias han complicado los planes de evacuación en caso de erupción, puesto que muchos de los habitantes no creen que haya peligro. No es de extrañar° que en las dos leyendas se hayan atribuido características femeninas al monte Iztaccíhuatl, porque en su perfil se puede distinguir la figura de una mujer recostada°.

Aunque Iztaccíhuatl no ha entrado en erupción desde 1868, Popocatéptl recientemente ha sido tan activo que el gobierno mexicano ha tenido que prohibir el alpinismo en el parque nacional donde se encuentra su cima°. Desgraciadamente, cinco alpinistas que no hicieron caso del decreto murieron en una pequeña erupción en 1996. Seguramente estas no fueron las primeras víctimas del Popocatéptl: unos meses después, se descubrieron los restos de una manada° de mamuts°, enterrada viva por el barro y la ceniza° del volcán. La atracción mística de las dos montañas continúa vigente, debido a los clarividentes, que tratan de predecir sus erupciones, y a otras personas que investigan la supuesta aparición de objetos volantes no identificados (OVNIs)° por encima de sus cumbres°.

Algunos atrevidos arriesgan la vida escalando el Popocatéptl.

Preparación

4-1 Los pueblos indígenas de México. A continuación, hay una lista de algunos de los importantes pueblos que controlaron el México precolombino. Sitúalos en el mapa, según las indicaciones. ¿Cuáles de estos se verían afectados por una erupción del volcán Popocatéptl?

1. los olmecas (1200 a.C.-200 a.C.): en la costa del golfo de México, en los estados de Tabasco y Veracruz.

2. los zapotecas (800 a.C. -1521 d.C.): en Monte Albán, al suroeste de la actual capital.

3. los mayas (292 d.C.-900 d.C.): en la península de Yucatán, Guatemala y Belice.

4. los toltecas (900 d.C.-1187 d.C.): su centro fue Tula, a 90 kilómetros de la actual capital.

5. los mixtecas (1000 d.C.-1510 d.C.): en el interior del país, al noreste de Monte Albán.

6. los aztecas (1325 d.C.-1520 d.C.): en el valle de México, donde ahora se sitúa la capital.

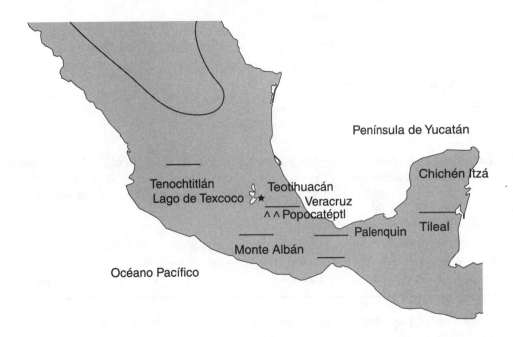

4-2 Héroe. En la mitología griega, un **héroe** era originalmente un semidiós, descendiente de una deidad y de un o una mortal. Posteriormente, en la literatura, un **héroe** o **heroína** es un personaje notable que encarna las cualidades valoradas en su cultura de origen. Comúnmente el héroe posee habilidades sobrehumanas o rasgos de personalidad idealizados o fantásticos que le permiten llevar a cabo hazañas extraordinarias y positivas ("actos heroicos"). Piensa en un héroe de la literatura o de la historia. Escribe un párrafo en el que describas las cualidades tanto físicas como espirituales de esta persona. ¿A qué debe su renombre?

MODELO: *Superman es un héroe de las tiras cómicas. Se le conoce por su gran fuerza física y moral. Siempre ayuda a los más necesitados, pero también enfrenta dificultades y es un poco inocente en cuestiones de amor...*

👥 **4-3 Los sacrificios.** Consideren los sacrificios que harían en las siguientes circunstancias.

MODELO: para conseguir el trabajo que quieres

> E1: *Me dedicaría más a los estudios.*
> E2: *Les pediría consejo a mis profesores mentores.*
> E3: *Investigaría los requisitos del trabajo.*

1. para merecer el amor de una persona
2. para no tener que separarte de una persona querida
3. para ayudar a un amigo que te necesita
4. para servir a tu patria

4-4 Expresiones clave. Lee las oraciones siguientes y adivina el significado de las expresiones en **negrita**. Primero, reemplaza la expresión con la forma correcta del sinónimo y sus modificantes, si es necesario; luego, escribe otra oración original usando la palabra que cambiaste.

MODELO: El villano **engañó** al emperador con su mentira.

> *decepcionar;* *A veces, los políticos* ***engañan*** *al público con sus promesas.*

bullicio	brotar	envidia	grito	reunir	vencer

1. El emperador quería consultar a los guerreros más valientes de su reino; por eso, los **convocó** en el salón del trono.
2. La noticia de la guerra causó mucho **alboroto** entre los guerreros; por eso, no se podía oír el discurso del emperador.
3. Se oyó un gran **rugido** al nombrar al joven Popocatéptl, el más valiente de todos los guerreros del reino.
4. El guerrero tenía que **derrotar** a los enemigos del Imperio para ganar la mano de su amada.
5. El amor entre los dos jóvenes, bello como una rosa, **floreció** en la primavera.
6. Un guerrero no quería que Popocatéptl tuviera éxito; él también amaba a la princesa y tenía **celos** de Popocatéptl.

4-5 Una promesa. En esta leyenda verás el poder de una promesa cumplida. Mientras lees la leyenda, piensa en el sacrificio que el héroe tiene que hacer para cumplir la promesa a su amada. Piensa también en un caso semejante que conozcas de la literatura, la historia o la mitología.

Los volcanes

Hace mucho tiempo, había un gran emperador azteca cuyo
mayor tesoro era su hija, la muy hermosa Iztaccíhuatl. Los aztecas,
como toda nación poderosa, tenían muchos enemigos. Un día,
este emperador recibió malas noticias. Sus peores enemigos
5 planeaban un ataque contra su pueblo. El emperador era ya
viejo, él no podía ser el jefe de sus soldados en una lucha
despiadada° y cruel. Por eso, convocó en el salón del trono a to-   feroz
dos los guerreros jóvenes y valientes del Imperio. El emperador les dijo:

—He recibido noticias terribles. Nuestros peores enemigos es-
10 tán planeando un ataque enorme contra nuestras fronteras. Yo
ya soy viejo, no puedo mandar las tropas. Necesito un jefe para
mi ejército. Elijan entre ustedes al guerrero más valiente, más
fuerte y más inteligente, y yo lo nombraré capitán de mis ejérci-
tos. Si ganamos la guerra, no sólo le daré todo mi Imperio, sino
15 también mi joya más preciada: mi hija, la bella princesa Iztaccíhuatl.

En la sala hubo mucho alboroto, un gran rugido se elevó de
las gargantas; todos los guerreros gritaron al mismo tiempo un
solo nombre:

20 —¡Popocatéptl! ¡Popocatéptl! Popocatéptl es el más valiente,
Popocatéptl es el más fuerte y el más inteligente. Popocatéptl va
a derrotar a nuestros enemigos. ¡Viva Popocatéptl!

Los jóvenes guerreros levantaron a Popocatéptl en hombros y
lo llevaron hasta el emperador. Este lo miró a los ojos y le dijo:

25 —Popocatéptl, la suerte de nuestro pueblo está en tus
manos. Tú eres el nuevo jefe del ejército azteca. El enemigo es
poderoso. Si vences, te daré mi trono y la mano de mi hija, la bella
princesa Iztaccíhuatl. Pero si son derrotados, no vuelvas.

Popocatéptl tenía una tarea muy difícil ante sí. Estaba preo-
30 cupado y feliz: preocupado por la guerra, pero... ¿por qué estaba feliz? Nadie lo sabía. El secreto que guardaba era que él e
Iztaccíhuatl se amaban. Se habían conocido hacía un año caminando entre aguacates, y el amor floreció en sus ojos desde la
primera mirada. La guerra sería dura, sería difícil, sería terrible;
35 pero con la victoria, sus sueños de amor se verían cumplidos.

La noche antes de partir para la lucha, Popocatéptl fue a
despedirse de Iztaccíhuatl. La encontró paseando entre los
canales. La princesa estaba muy triste, le dijo a su amado:

—Tengo miedo de que mueras. Ten mucho cuidado, mi amor.
40 Regresa sano y salvo. Sé que no podré seguir viviendo si tú no estás conmigo.

Los guerreros aztecas más importantes solían vestirse de jaguar o de águila.

—Volveré, volveré por ti. Nos casaremos y siempre, siempre, permaneceré a tu lado—contestó Popocatéptl.

45

Popocatéptl salió de la capital al mando de los jóvenes soldados. La guerra resultó sangrienta, larga, feroz. Pero Popocatéptl era el más fuerte. Popocatéptl era el más inteligente. ¡Nadie era más valiente que Popocatéptl! "¡Viva Popocatéptl!"

50

El ejército azteca triunfó sobre sus enemigos. Todos los guerreros se alegraron. Todos celebraron la victoria. ¿Todos? Había un guerrero que no se alegró, un guerrero que no celebró la victoria. ¿Qué le pasaba? Este guerrero tenía celos° de Popocatéptl. Deseaba todo lo que Popocatéptl

55

couplets (repetition)

60

was jealous · *wished*

poseía. Él quería ser el nuevo jefe del ejército azteca y él deseaba casarse con la princesa Iztaccíhuatl.

65

Los soldados aztecas se prepararon para regresar a la capital. Sin embargo, el guerrero celoso salió más pronto, corrió tan rápidamente que llegó un día antes que el resto del ejército. Fue donde el emperador. Se arrodilló° a sus pies y le anunció que Popocatéptl había muerto en el primer día de lucha; que él, y no Popocatéptl, fue el guerrero más fuerte y valiente; que él, y no Popocatéptl, fue el jefe del ejército en la batalla.

se puso de rodillas

70

El emperador, quien apreciaba de verdad a Popocatéptl, se entristeció profundamente. Su rostro se oscureció° de dolor; pero él había hecho una promesa y él tenía que cumplirla. Le ofreció al guerrero celoso todo el Imperio Azteca y la mano de su hija. Al día siguiente hubo una gran fiesta en palacio, con flores, música, bailes y concursos de poesía. Ese día se celebraban las bodas de la bella princesa y de aquel guerrero. De repente, en mitad de la ceremonia, Iztaccíhuatl gritó: "¡Ay mi pobre Popocatéptl! No podré vivir sin ti". Y ella cayó muerta en el suelo.

se puso oscuro

75

80

used in an event

En ese momento, los otros guerreros aztecas con Popocatéptl a la cabeza entraron ruidosamente en el palacio. Popocatéptl quería su recompensa y sus ojos buscaron a su amada por las

85

salas. Nadie habló. Un gran silencio ocupó todas las estancias°.   **salas**
Las miradas se dirigieron a la princesa muerta. Popocatéptl vio a
Iztaccíhuatl. Corrió a su lado. La tomó en brazos, le acarició el
pelo y sollozando° le susurró: **llorando**

90   —No te preocupes, amor mío. No te dejaré nunca sola. Estaré
a tu lado hasta el fin del mundo.

La llevó a las montañas más altas. La puso en un lecho° de   **cama**
flores y se sentó a su lado, para siempre, lejos de todos. Pasó el
tiempo y, por fin, uno de los buenos dioses se compadeció de los
95   dos amantes: los transformó en volcanes.

Desde entonces, Iztaccíhuatl ha sido un volcán tranquilo y si-
lencioso: permanece dormido. Pero Popocatéptl tiembla de vez
en cuando. Cuando su corazón sangra, suspira y vierte° lágrimas   **derrama**
teñidas° de fuego. Entonces, todo México sabe que Popocatéptl   **coloreadas**
100   llora por su amor, la hermosa Iztaccíhuatl.

El artista mexicano Jesús de la Helguera pintó "La leyenda de los volcanes" en 1940. Esta
obra, tal vez la más reproducida de todas las suyas, aparece en calendarios y otras publica-
ciones populares. Pinta una imagen heroica de los personajes de la leyenda, lo cual era muy
común en la época posterior a la Revolución Mexicana. La Leyenda de los Volcanes / The
Legend of the Volcanoes, 1940 by Jesús Helguera. Oil on canvas, 75 1/8" x 96 3/4". Collection
of Garrison and Rosslyn Valentine. Image courtesy of the National Museum of Mexican Art.
Kathleen Culbert-Aguilar.

Comprensión

4–6 Los personajes. Identifica las características físicas y personales de los personajes de la leyenda, usando los adjetivos que vienen a continuación y otros que se te ocurran. Explica por qué los caracterizas de esa manera.

MODELO: *confiado: El emperador confiaba en que Popocatéptl tuviera éxito contra sus enemigos…*

Personajes

El emperador

Popocatéptl

Iztaccíhuatl

El segundo guerrero

Características

celoso/a	fiel	miedoso/a
confiado/a	honrado/a	querido/a
decidido/a	inconsolable	sentimental
deshonesto/a	insoportable	valiente
desolado/a	listo/a	veterano/a

4–7 El conflicto y la resolución. Escribe un ensayo de 10-15 líneas en el que expliques el conflicto de la leyenda y cómo se resuelve. Incluye las siguientes partes:

- La escena
- El problema
- La complicación
- El clímax
- El desenlace (solución)

4–8 El sacrificio. Trabajen juntos para explicar cómo cada personaje de esta leyenda sacrifica algo importante.

Aplicación

4–9 Escucha la leyenda. Escucha la grabación de "Los volcanes", fijándote en la pronunciación, la entonación y la dramatización de la persona que la narra. Escoge una sección de dos o tres párrafos que te guste y practica leyéndola en voz alta, imitando el tono y las emociones del narrador: la emoción, la pasión, el engaño… Después presenta tu pieza a la clase.

👥👤 **4-10 Pónganse en la escena.** Inventen un diálogo entre algunos de estos personajes:

1. El emperador y el guerrero celoso cuando este vuelve al palacio
2. Popocatéptl y su mejor amigo antes de salir para la guerra
3. Iztaccíhuatl y su madre antes de su boda con el guerrero celoso
4. Los dioses, después de la muerte de Iztaccíhuatl
5. Popocatéptl, frente a la tumba de Iztaccíhuatl

Análisis, síntesis y evaluación

🌐 **4-11 Jesús de la Helguera.** El legado de Jesús de la Helguera perdura unos cuarenta años después de su muerte. Conéctate con la página web de *Leyendas del mundo hispano* e investiga las obras de este prolífico artista mexicano. Escoge una de sus obras y escribe un párrafo describiendo su contenido y a qué hace referencia. Luego, preséntale la obra a la clase.

👤👤 **4-12 Una comparación.** ¿Cómo se asemejan estos novios a los de alguna otra leyenda que conozcan, por ejemplo la de Romeo y Julieta, y cómo se diferencian? ¿Cuáles son las circunstancias históricas y sociales de cada leyenda? ¿Con qué leyenda se identifican más ustedes? ¿Por qué?

4-13 Popocatéptl entró en erupción en... Investiga la última vez que el volcán entró en erupción y el efecto que tuvo en sus alrededores. Escribe un párrafo, incluyendo esta información:

- el efecto que ha tenido sobre el clima, el medio ambiente, la economía y el bienestar de la gente que vive alrededor
- el tiempo que el medio ambiente ha tardado o que va a tardar en recuperarse
- las predicciones sobre una próxima erupción

👥👤 **4-14 El juicio.** Después de la muerte de Iztaccíhuatl, el emperador y sus consejeros insisten en juzgar al guerrero celoso por sus delitos. Hagan el papel de los siguientes personajes en el juicio del guerrero. El jurado decidirá el futuro del guerrero celoso.

Guerrero celoso
Juez
Emperador
Abogado
Otros testigos
Jurado

4-15 El apogeo de los aztecas (1325 d. C.-1520 d. C.). Cuando los conquistadores llegaron a Tenochtitlán, el apogeo del Imperio Azteca ya había pasado. ¿Cuáles fueron algunos de los eventos importantes que ocurrieron en Europa, en el Lejano Oriente o en África durante esta época? Anota por lo menos cinco sucesos y explica por qué fueron importantes.

4-16 Foro: El fin del mundo. Los aztecas predecían el fin del mundo por algún cataclismo (fuego, tormenta) cada 52 años. Haz una predicción para la próxima catástrofe, ya sea física, político-militar o económica. ¿Cómo crees que será?, ¿quiénes sobrevivirán?, ¿cómo cambiarías tu vida sabiendo el tiempo que te queda?

 4-17 La lealtad. Esta leyenda demuestra la lealtad, o la deslealtad, de los personajes. Formen equipos de dos o tres personas para debatir sobre alguno de los siguientes temas.

- En el amor o la guerra, la lealtad es cuestión de conveniencia.
- Cuando hay un cambio de gobierno, todos los ciudadanos deberían ser fieles a la nueva administración.

Frases comunicativas:

- Por una parte… Por otra parte…
- Desde mi punto de vista…
- Al contrario…

MODELO: *Desde mi punto de vista, la lealtad es la característica más importante de la amistad o del amor. Miremos el ejemplo de…*

CAPÍTULO 5

EL ABENCERRAJE Y LA HERMOSA JARIFA (HISPANO-ÁRABE)

El nombre árabe "Alhambra" significa "castillo rojo" en castellano.

Contexto cultural

La Alhambra es uno de los sitios turísticos más populares de España. Perfilada° contra los picos blancos de las montañas de Sierra Nevada, en la hermosa ciudad de Granada, fue el último baluarte° de los reyes moros. El palacio, construido por los moros en el siglo XIII, es una obra de arte, con sus azulejos°, arcos exóticos y decoraciones de estuco labrado° que parecen hechas de encajes°. En este laberinto de columnas, patios y jardines paradisíacos, se encuentra una zona muy curiosa que se llama el Patio de los Leones. Aparte de ser muy bello, este patio es interesante porque tiene una fuente con doce leones de piedra, algo muy inesperado en un palacio de un rey musulmán, porque la ley islámica no permite la representación, ni en dibujos ni en escultura, de ningún ser vivo. Se cree que estos leones fueron esculpidos por cautivos cristianos durante la Reconquista. El Patio de los Leones es también el lugar en el cual, según una leyenda, casi todos los hombres de una familia no-

outlined
fortaleza

mosaicos
trabajado / *lace*

49

degollar: cortar la
   garganta o el
   cuello

horribles

ble, los Abencerraje, fueron degollados° por orden del sultán de Granada (otras versiones dicen que la matanza tuvo lugar en lo que hoy se llama la Sala de los Abencerrajes). Según algunas leyendas de la región, en noches de tormenta todavía se escuchan lúgubres° gemidos en la Sala de los Abencerrajes. Los espíritus de los degollados salen entonces y se pasean alrededor de las fuentes ensangrentadas del Patio de los Leones.

de Granada

Originarios del norte de África, los Abencerraje eran una familia de guerreros nobles que vivía en el palacio de La Alhambra. Existen varias leyendas acerca de los motivos de la matanza de estos nobles granadinos°; sin embargo, una tradición extendida relaciona su destrucción con la envidia de una familia rival, los Zegríes. Según una de las leyendas, los Zegríes convencieron al sultán que un Abencerraje era el amante secreto de su esposa, la sultana, provocando así sus celos, su ira y su venganza.

castidad, pureza

de... raro

En muchas de las leyendas que trataban sobre ellos, los Abencerraje eran conocidos por su fuerte concepto de la honra, la dignidad personal y el honor de la palabra dada. Según varios historiadores, esta idea del honor, la cual suele relacionarse con las novelas de caballerías, como *El Rey Arturo y los caballeros de la Tabla Redonda*, fue transmitida a la Europa cristiana desde la España musulmana durante la Reconquista; incluso el deber de un caballero de defender el pudor° y la reputación de las damas. De hecho, varios conceptos literarios, artísticos, filosóficos y científicos que llegaron a formar parte de la tradición cristiana llegaron a Europa a través de los moros. Esto no es de extrañar°, puesto que la historia de la Reconquista no es sólo la de conflictos y persecuciones, sino también la de la armonía y colaboración entre cristianos, musulmanes y judíos.

Preparación

5-1 España durante el reino de Aben Hassan. Durante la época de Aben Hassan, los cristianos ya habían retomado la mayor parte del territorio de la Península Ibérica. Sin embargo, a principios del siglo XIII una amplia zona de la península se encontraba todavía en poder de los moros. Observa el mapa siguiente e identifica las siguientes ciudades que estaban bajo control musulmán en ese tiempo.

Córdoba	Sevilla	Badajoz	Cádiz	Málaga

5-2 1492. El año de 1492 fue clave para España. De los siguientes acontecimientos, primero adivina cuál *no* ocurrió; después, su fecha (siglo). En tu opinión, ¿cuál de estos sucesos fue el más importante para España? ¿Cuál fue el más dañino (perjudicial)? ¿Por qué?

Sí	No	
_____	_____	Boabdil se rindió a los Reyes Católicos, Fernando e Isabel.
_____	_____	Cristóbal Colón "descubrió" las Indias Occidentales.
_____	_____	El reino de Granada fue el último bastión del poder musulmán.
_____	_____	Marco Polo llegó a China.
_____	_____	Los judíos fueron expulsados de España.
_____	_____	Los judíos y moros que se quedaron en España tuvieron que convertirse al cristianismo.

5-3 Expresiones clave. Lee las oraciones siguientes y adivina el significado de las expresiones en **negrita**. Primero, reemplaza la expresión con la forma correcta del sinónimo y sus modificantes, si es necesario; luego, escribe otra oración original usando la palabra que cambiaste.

MODELO: Toledo se situaba en la zona **fronteriza** entre las tierras musulmanas y las españolas.

vecina; Poca gente vive en Montana en la zona fronteriza entre Estados Unidos y Canadá.

caballero	después de	prisionero
vencido	familia	sable

1. El apuesto **jinete** moro estaba montado en un caballo negro.
2. Los españoles con sus **espadas** de acero y los moros con sus cimitarras lucharon en una batalla larga y sangrienta.
3. El caballero **derrotado** nunca mostró cobardía, sino que siempre estuvo orgulloso de haber luchado con valor.
4. Tanto el Abencerraje como su amada Jarifa eran de **linaje** noble.
5. El castigo del vencido era presentarse **al cabo de** tres días ante su vencedor, para ser encarcelado.
6. Los jóvenes volvieron al campamento de las tropas cristianas para entregarse **presos.**

5–4 Mientras lees. Esta leyenda es un buen ejemplo del concepto del **honor**, o la dignidad personal de alguien. Mientras lees, apunta ejemplos de esta noción tan importante en la cultura hispano-árabe del siglo XV.

El Abencerraje y la hermosa Jarifa

Esta historia que ahora les vamos a contar tuvo lugar hace ya mucho tiempo, cuando la presencia árabe en España llegaba a su fin° y tan sólo en los estandartes° del Reino de Granada ondeaba° la media luna°.

<small>terminaba / banderas, insignias / *waved* / símbolo del Islam</small>

En la zona fronteriza que separaba el Reino de Castilla del Reino de Granada, residía un caballero cristiano de nombre Rodrigo de Narváez que, por su valor y hechos de armas en las luchas contra los moros, fue nombrado por el rey Fernando alcaide° de las ciudades de Álora y Antequera. Narváez, quien no gustaba de la ociosidad°, salió una noche de verano con un grupo de caballeros a recorrer las vegas° y vigilar la frontera. 5 ... 10

<small>gobernador / inactividad / *fertile plains*</small>

Aquella noche, la tierra estaba en silencio y soplaba una brisa suave que calmaba algo el calor de la jornada°. La cabalgada° cristiana hizo un alto en el camino y se escondió entre unos olivos. De pronto, bajo el resplandor de la luna llena, divisaron° un gentil° jinete, con hermosas y ricas vestiduras. ¡Es un moro de Granada! Pican° los cristianos espuelas°, salen a todo galope en sus briosos° corceles° y acometen° al lozano° jinete. 15

<small>el viaje / banda</small>

<small>vieron / elegante / golpean / *spurs* / animosos / caballos / atacan / hermoso</small>

Este se defiende con extraordinario valor y cinco caballeros cris-
20 tianos no pueden rendirlo.

Rodrigo de Narváez, viendo la fortaleza del moro, decidió
intervenir. ¡Qué lucha tremenda entre aquellos dos caballeros
esforzados° de la frontera! La espada y la cimitarra° se cruzaban;
sacaban chispas° que parecían luciérnagas° volando a la luz de
25 la luna. Por fin, la adarga° mahometana se partió° en dos ante los
violentos golpes de la espada cristiana. Rendido° y en tierra, el
bravo caballero musulmán fue hecho prisionero.

valientes / espada
árabe de forma
curva / *sparks* /
fireflies / tipo de
escudo / se
rompió /
vencido

Narváez, león en la batalla y generoso en la paz, trató en
todo momento con respeto al noble y valiente guerrero. De
30 camino a su castillo de Álora, se fijó repetidas° veces en su porte°
gallardo° y en su aspecto abatido°. Rodrigo, que lo veía suspirar,
melancólico y pensativo, decidió hablarle:

muchas / aspecto
/valeroso,
elegante / triste

—Noble guerrero, no estéis tan triste. En la profesión de soldado, a veces toca vencer y a veces ser vencido. Vuestro honor
35 ha quedado a salvo, pues habéis luchado hasta el último suspiro
de vuestras fuerzas. Yo, Rodrigo de Narváez, os trataré con todo el
respeto que merece soldado tan esforzado y valiente.

—No me entristece haber sido hecho prisionero por una de
las lanzas° más famosas de la España cristiana, el noble y discreto
40 Rodrigo de Narváez. Es otra la causa de mi aflicción—añadió el
moro con los ojos bajos.

lances;
figurativamente:
soldado,
guerrero

La noche estaba clara y tranquila, y el camino por el que lo
conducían preso al castillo de Álora era largo. Ante los ruegos°
del buen caballero Narváez, cabalgando° algo alejados del
45 grupo, el desdichado prisionero contó su extraordinaria historia.

súplicas /
montando a
caballo

Abindarráez, así se llamaba el bravo cautivo°, era el último
descendiente de la noble, valiente y rica familia de los Abencer-
rraje. En tiempos de Aben Hassan—padre de Boabdil *el Chico*[1] —,
una familia granadina de ilustre linaje, envidiosa del poder y
50 riqueza de los Abencerraje, hizo creer al rey que estos conspira-
ban para derrocarlo° del trono. Aben Hassan, cruel y feroz, hizo
degollar una mañana a treinta y seis Abencerrajes en el Patio de
los Leones. Los gritos de los asesinados, aquel amanecer, se
mezclaron en los patios de La Alhambra con las llamadas del
55 almuecín[2] a la oración. Toda Granada lloró la muerte de tantos
buenos caballeros de tan gentil y honrada familia.

prisionero

echarlo

---

[1] Boabdil *el Chico*, o *el Desgraciado*, fue el último rey de Granada; él fue, por lo tanto, el último
monarca musulmán de España.

[2] *almuecín*: en español, "almuédano"; musulmán que convoca en voz alta al pueblo para que
acuda a la oración.

El Patio de los Leones fue testigo de la matanza de treinta y seis Abencerrajes.

—Yo fui criado en la ciudad fronteriza de Cártama— continuaba relatando Abindarráez, mientras Narváez lo escuchaba maravillado—, en la casa del alcaide, a quien creí mi padre por mucho tiempo. Tenía el alcaide una hija, Jarifa, la mora más hermosa de toda la morería°. Jarifa y yo crecimos como hermanos, hasta que descubrimos que no éramos parientes y aquel amor de hermanos se transformó en amor de amantes. Cuando nos íbamos a casar, nuestro rey, Boabdil, decidió enviar a su padre a la ciudad de Coín y a mí nombrarme alcaide de Cártama. Hoy había recibido una carta de Jarifa: estaba en Coín y me esperaba allá para casarnos. Partí alegre al atardecer; pero la noche vio el final de mis ilusiones. El destino se cruzaba de nuevo en mi camino y el dolor volvía a adueñarse° de mi vida. Jarifa pensará que he roto mi promesa; la espera sin esperanza la matará.

Narváez escuchaba emocionado tal nobleza de sentimientos y una historia extraña en verdad. De corazón clemente, decidió remediar la desdicha° de su prisionero; le dio permiso para ir

60

65

70

tierra de moros; también se refiere a la España musulmana

apoderarse

desgracia

a Coín, casarse y así cumplir su palabra. Una condición, sin em-
75 bargo, le puso: al cabo de tres días debía presentarse en el
castillo de Álora y entregarse cautivo.

—¡*Allah akbar!*° —exclamó Abindarráez con júbilo—. Yo os
juro que cumpliré con mi promesa y que volveré en tres días a mi
cautiverio°.

Allah akbar: en español, "Alá es máximo" / prisión

80 Dijo esto al tiempo que se bajaba del caballo, queriendo
arrojarse° a los pies de Rodrigo de Narváez. Este se lo impidió
gallardamente:

tirarse

—No os demoréis° más, Abindarráez. Marchad al punto° y
casaos con vuestra señora Jarifa. Yo sé que sois hombre fiel y
85 haréis honor a vuestra palabra.

tardéis / inmediatamente

Abindarráez, ligero el corazón, voló en su caballo blanco,
perdiéndose en la noche. Llegó por la mañana a Coín, donde ya
Jarifa desesperaba esperando. Se vieron, se abrazaron, se juraron
amor eterno. "Mi señor y mi contento", susurraba ella. "Mi señora y
90 mi bien", repetía él.

En la felicidad de su amor, en medio de un hermoso jardín de
naranjos y limoneros, la voluntad de Abindarráez flaquea°: no
sabe si contar lo sucedido. En su interior, se produce una batalla
más fiera y dolorosa que la que acaba de padecer°: quiere
95 cumplir su promesa, no quiere herir a su amada. Luchan en él en-
carnizadamente° la palabra dada y el amor más profundo.

se debilita

sufrir

fieramente

—Di mi fe de volver a prisión—le dice con congoja° a Jarifa,
después de finalmente confesárselo todo—. Soy un hombre de
honor y, si faltara a mi palabra, viviría para siempre deshonrado.

angustia

100 —Yo sin ti, Abindarráez, me quedo sin alma—le contestó con
amor y pesar Jarifa, suspirando profundamente—. Yo voy presa
con quien lleva preso mi corazón.

Jarifa y Abindarráez celebraron en secreto sus esponsales° y
en secreto, al anochecer, rodeados por fragancias de jazmín,
105 salieron en dirección a Álora. Partieron° mano con mano y
corazón con corazón, unidos sus destinos en la fortuna y en la ad-
versidad. Al entrar en el castillo de Álora, todos los cristianos
quedaron hechizados°, cautivados por la belleza y juventud de
los cautivos. ¡Mujer tan hermosa y discreta! ¡Hombre tan apuesto
110 y gallardo!

bodas

salieron

maravillados

Narváez, generoso y honrado, conmovido por tan gran muestra de amor y fidelidad, decidió darles la libertad. Los agasajó° y
acompañó con sus caballeros hasta la frontera. Al despedirse,
Abindarráez y Jarifa, llorando de dicha, besaron las manos del al-
115 caide y marcharon hacia Coín.

festejó

Días más tarde, emisarios de Abindarráez llegaron al castillo de Álora con presentes para Narváez, su vencedor y libertador; le

regalo   traían caballos y dinero. Rodrigo rechazó el obsequio° y mandó a   120
los mensajeros que llevaran de vuelta los regalos.

—Yo no acostumbro a robar damas—les dijo—, sino a servirlas y honrarlas.

Comprensión

5-5 ¿Pasó así? Lee las siguientes declaraciones y decide cuáles ocurrieron en la historia. Corrige las falsas y luego, ordena cronológicamente todos los acontecimientos.

_____ Jarifa promete acompañar a Abindarráez en su retorno a Álora.

_____ Al ver a los novios, Narváez decide asesinarlos en seguida.

_____ Aunque el moro se defiende con valentía, es vencido por Rodrigo de Narváez.

_____ Una noche, cuando Rodrigo recorre la frontera, se encuentra con un jinete moro.

_____ Abindarráez le cuenta a Narváez la triste historia del asesinato de su familia.

_____ La leyenda tiene lugar durante el siglo XI.

_____ Ese mismo día Jarifa lo espera en Coín, donde van a tener el bebé.

_____ Rodrigo le permite ir a Coín para celebrar su boda.

_____ Abindarráez le da un obsequio a Narváez, quien lo rechaza por ser poco.

_____ Pero insiste en que Abindarráez vuelva a Álora al cabo de tres días.

_____ Rodrigo de Narváez es un caballero cristiano que tiene fama de ser perezoso.

_____ Abindarráez, además, sufre por una promesa que les ha hecho a sus padres.

👤👤 **5-6 El concepto del honor.** El honor siempre ha sido importante entre los españoles y los musulmanes. Conversen entre ustedes para identificar ejemplos de este concepto que hayan encontrado en la leyenda. ¿Cómo se compara el honor de hoy en día con el del siglo XV?

5-7 El castellano del siglo XV. La manera de hablar de los personajes de esta leyenda refleja la formalidad del idioma de la España del siglo XV. Usa las formas que encontrarás a continuación para completar las siguientes frases; después, vuelve a expresarlas de una manera más moderna.

casaos	haréis	os	sois
habéis	marchad	os demoréis	vuestro/a

MODELO: —Noble guerrero, *no estéis* tan triste. ——→ No *estés* tan triste.

1. _____ luchado hasta el último suspiro de vuestras fuerzas…

2. _____ trataré con todo el respeto que merece…

3. _____ honor ha quedado a salvo…

4. Yo _____ juro que cumpliré con mi promesa…

5. No _____ más, Abindarráez. _____ al punto y _____ con _____ señora Jarifa.

6. Yo sé que _____ hombre fiel y _____ honor a _____ palabra.

Aplicación

5-8 Escucha la leyenda. Escucha la grabación de "El Abencerraje y la hermosa Jarifa", fijándote en la pronunciación, la entonación y la dramatización de la persona que la narra. Escoge una sección de dos o tres párrafos que te guste y practica leyéndola en voz alta, imitando el tono y las emociones del narrador: el honor, la valentía, la promesa… Después presenta tu pieza a la clase.

5-9 La herencia lingüística. Después de más de 700 años de dominio árabe, la influencia de su idioma es notable en el castellano; por ejemplo, en palabras que empiezan con "al", que equivale al artículo "el" en español. Túrnense para explicar en español el significado de estas palabras de origen árabe. Busquen en un diccionario las que no conozcan.

álgebra	almacén	almíbar
alcohol	almuédano	algodón
Alhambra	almendra	almohada
alfombra	alcatraz	alcoba

Análisis, síntesis y evaluación

5-10 El arte musulmán. La influencia árabe no se acabó con la reconquista de España. Todavía hoy en día se encuentra su toque en el arte y la arquitectura, especialmente en Andalucía, la parte sur de la península. Conéctate con la página web de *Leyendas del mundo hispano* para ver ejemplos de su arte y arquitectura. Escribe un párrafo describiendo algunos de los ejemplos que observes. ¿En qué otras partes del mundo es evidente el arte musulmán?

5-11 Pónganse en la escena. Inventen un diálogo entre algunos de los siguientes personajes. En grupos pequeños, dramaticen estas escenas de la leyenda:

- Jarifa le confiesa a su padre que está enamorada de Abindarráez.
- Abindarráez le explica a Rodrigo por qué está tan triste.
- Los soldados de Rodrigo conversan sobre el trato dado a Abindarráez por Rodrigo.
- Jarifa le explica a su madre por qué tiene que acompañar a Abindarráez en su cautiverio.

5-12 El tesoro de los Abencerraje. Antes de la matanza de Aben Hassan, el padre de Abindarráez le escribió una carta a su hijo, explicándole dónde había escondido su fortuna. Desgraciadamente, la carta se perdió, y hasta el día de hoy no se ha encontrado el famoso tesoro. Haz el papel del patriarca de los Abencerraje y escribe una carta dirigida a Abindarráez; explícale por qué has tenido que esconder el tesoro y dónde lo puede encontrar.

MODELO: *El 8 de octubre de 1482*
            Mi más querido hijo, Abindarráez:
            Te escribo esta carta para…

5-13 Foro: Otras contribuciones musulmanas. Los árabes también contribuyeron mucho en otras áreas importantes de la vida. Conéctate con la página web de *Leyendas del mundo hispano* para leer más sobre su legado durante su dominio de la Península Ibérica. ¿Cuál de estas contribuciones consideras la más importante y por qué? Escribe un párrafo justificando tu opinión.

5-14 Una cuestión de honor. Esta leyenda nos muestra cuál es la idea del honor que tienen los personajes. Formen equipos de dos o tres personas para debatir sobre alguno de los siguientes temas.

- Hoy en día, el concepto del honor no existe.
- En una guerra, hay que hacer lo que sea necesario para vencer al enemigo.

Frases comunicativas:

- Perdona, pero …
- Voy a explicar mis razones…
- En resumen, …

MODELO: *En mi opinión, el concepto del honor es anticuado. Voy a explicar mis razones…*

CAPÍTULO 6

EL DORADO (COLOMBIA)

Los indígenas latinoamericanos tenían fama por tallar bellos objetos de oro, lo que incitó a muchos exploradores europeos a buscar El Dorado. Dagli Orti\Picture Desk, Inc./Kobal Collection.

Contexto cultural

Cerca de Bogotá, Colombia, en las montañas de la tierra fría, existe una laguna cuya historia está ligada inextricablemente a la fundación del estado moderno colombiano. Esta es la laguna Guatavita, la cual actualmente se conoce como fuente de la leyenda de "El Dorado". El aeropuerto de Bogotá lleva el nombre de El Dorado en recuerdo de esta leyenda.

Muchos de los conquistadores españoles vinieron al Nuevo Mundo impulsados por la avaricia; en particular, por la sed de oro. Otros, inspirados por su fe religiosa, o por cuentos fantásticos como los del libro de caballería[1] *Amadís de Gaula*, vinieron en busca de tierras nuevas y

[1]Los libros de caballería son obras de literatura en que abundan princesas o doncellas (mujeres jóvenes) en peligro y caballeros heroicos que las rescatan de hombres malévolos o de monstruos, como los dragones, por ejemplo. Los personajes tienen un concepto muy definido de la honra, tanto como del respeto que se les debe a las mujeres, según su modo de pensar. Las escenas de estos libros suelen contener mucha acción, tanta como muchas películas fantásticas de hoy día: hay duelos con espadas, hechizos de brujos o brujas y batallas. Algunas de las obras de caballerías más famosas de la literatura de habla inglesa son *El rey Arturo y los caballeros de la Tabla Redonda* e *Ivanhoe*, una novela histórica escrita en el siglo XIX por Sir Walter Scott.

supieron

murieron

misteriosas. En la leyenda de "El Dorado" el oro y la fantasía se juntaron, creando una atracción poderosa. Desde el momento en que los conquistadores se enteraron° de la leyenda, empezaron a buscar el misterioso reino de El Dorado. No solamente conquistadores españoles, sino también ingleses, alemanes, portugueses y holandeses participaron en expediciones para encontrarlo; muchos hombres perecieron° por esta causa en las selvas de América del Sur.

No se sabía exactamente dónde estaba El Dorado, pero muchos pensaban que lo encontrarían en una región que corresponde más o menos a lo que hoy es Colombia y Venezuela. En una de sus varias expediciones en busca de El Dorado, el conquistador Gonzalo Jiménez de Quesada, al mando de 750 hombres, siguió el río Magdalena hasta el interior del continente, llegó a una sabana en los Andes, venció allí a los indios chibcha y en 1538 fundó el pueblo de Santafé—hoy en día, Bogotá, la capital de Colombia. Casi un siglo después, Juan Rodríguez Freyle escribió que los muiscas, que eran una tribu de los chibchas, tenían una ceremonia para su cacique—a quien llamaban el Zipa—muy parecida a la ceremonia de la leyenda de "El Dorado". Esta ceremonia tenía lugar en la laguna Guatavita.

Nunca se encontró el reino misterioso de El Dorado; sin embargo, en 1912, una compañía inglesa drenó parcialmente la laguna Guatavita para buscar el oro de este reino maravilloso. Aunque sí encontraron varias joyas valiosas precolombinas, no hallaron el gran tesoro que buscaban. Tal vez, el verdadero tesoro de El Dorado ha sido su poder de inspiración y la atracción irresistible que ha tenido para varias generaciones.

Preparación

6-1 Localízalos. Conéctate con la página web para investigar estos lugares y ubicarlos en el siguiente mapa. Luego, escribe una frase para cada uno de ellos describiendo dónde se encuentran y cómo son (p. ej. su clima, sus características, su historia, su industria, etc.).

MODELO: *La cordillera de los Andes es una de las más imponentes del mundo. Se extiende unos 7.500 kilómetros, atravesando Venezuela, Colombia, Ecuador, Perú, Bolivia, Chile y Argentina. Su altura media alcanza unos 4.000 metros. Se cree que el nombre tiene origen quechua, el idioma de los incas.*

1. La laguna Guatavita

2. Santa Fe de Bogotá

3. Cartagena

4. Medellín

5. las selvas colombianas

6. el Océano Pacífico

7. el Mar Caribe

6-2 Buscando El Dorado. Usen las preguntas que se encuentran a continuación para conversar entre ustedes sobre la búsqueda de El Dorado.

1. ¿Cómo usaban los españoles el oro que sacaban de las Américas? ¿Para qué lo usaban los muiscas?
2. Cada civilización tiene objetos y productos que valora. Para los europeos era el oro; para los muiscas, la sal; para los aztecas, los granos de chocolate. ¿Qué objetos y productos se valoran en su cultura y por qué?
3. ¿Qué otros productos han usado diferentes civilizaciones para el comercio?
4. La expedición de Gonzalo Jiménez de Quesada fue en 1538. ¿Qué ocurría en otras partes del mundo en esa época?
5. En 1912 todavía se buscaba el tesoro de El Dorado. ¿Qué otras expediciones se han hecho para recobrar tesoros de la tierra o del mar?
6. Los exploradores españoles también buscaron la "fuente de la eterna juventud". ¿Cómo se diferencia esta búsqueda de la de El Dorado?
7. Tanto *Amadís de Gaula* como *El rey Arturo y los caballeros de la Tabla Redonda* son novelas de caballerías *(chivalry)* ¿Cómo son los personajes de este tipo de historias?

6-3 Expresiones clave. Lee las oraciones siguientes y adivina el significado de las expresiones en **negrita**. Primero, reemplaza la expresión con la forma correcta del sinónimo y sus modificantes, si es necesario; luego, escribe otra oración original usando la palabra que cambiaste.

MODELO: Esta leyenda no trata de hombres **áureos**, sino de un hombre que se adornaba con polvo de oro.

dorados; En el Museo del Oro hay muchos artefactos **áureos**.

barca	dominar	polvorear
colorear	lanzarse	sumergirse
cortar la cabeza	viaje	

1. La esposa del cacique **se arrojó** al agua, pero no se murió, sino que se convirtió en diosa.
2. Los indígenas **espolvoreaban** oro sobre el cuerpo del hijo del cacique. Lo cubrían totalmente con este metal precioso.
3. El hombre dorado se dirigía cada año al centro de la laguna en su **balsa.**
4. El jefe de la tribu se **zambullía** en las aguas de la laguna Guatavita para limpiarse del polvo de oro.
5. Cuando se lavaba en la laguna, **teñía** la espuma blanca del agua de un color dorado, brillante.
6. Los españoles ya habían **sometido** a los incas y a los aztecas, y soñaban con encontrar el tesoro de los muiscas.
7. Al explorador inglés, Sir Walter Raleigh, lo **decapitaron** por no encontrar el tesoro.
8. Desde ese día, el sueño del tesoro impulsa a muchos a realizar **expediciones** en busca del oro.

6-4 ¿Se encontró El Dorado o no? Ten en cuenta esta pregunta mientras vas leyendo la historia de El Dorado.

El Dorado

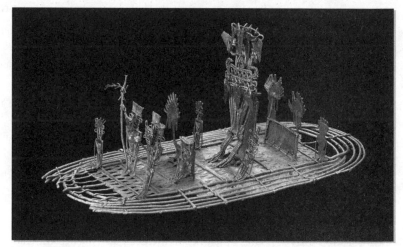

La colección del Museo del Oro de Bogotá incluye una representación en oro del cacique en su balsa. Gold Museum - Banco de la República - Bogota – Colombia.

Escuchen con atención esta pequeña historia. Debo decirles, cuanto antes, que no esperen hombres áureos o ciudades cubiertas de oro. Nuestra leyenda es más humilde° que todo eso. Aunque… sí comienza con un hombre dorado. ¡Silencio, por favor!: ¡empezamos nuestro cuento!

sencilla

5

Allá arriba, en los Andes, en torno a los 2.300 metros de altura
sobre el nivel del mar, vivía una antigua civilización, la de los
chibchas, a la que pertenecía la tribu de los muiscas. Esta tribu
gobernaba la altiplanicie° en la que se encuentra la laguna
10   Guatavita, cerca de la actual Bogotá.

    meseta

En una época muy distante, la esposa de uno de aquellos
caciques muiscas se arrojó a las aguas del Guatavita, ahogándose°:
se convirtió en la Diosa del Lago. Esta diosa, como todos los
dioses, necesitaba ser aplacada°. Los muiscas dieron con una
15   forma de apaciguamiento° muy peculiar, que afectaba al hijo
heredero del cacique, y que da origen a esta leyenda.

    muriendo en el agua

    calmada
    pacificación

La ceremonia era como sigue: Toda la tribu se acercaba a la
Laguna Guatavita. El heredero al trono del cacique se desnuda-
ba. Lo recubrían con una sustancia pegajosa° —savia°, tierra,
20   resina. Entonces, espolvoreaban oro sobre su cuerpo, hasta que
brillaba a la luz solar como un reluciente hombre dorado.
Mientras tanto, se construía en la orilla una gran balsa de juncos°,
adornada majestuosamente. El hijo del cacique, cubierto de oro,
se montaba en la balsa. En actitud regia°, remaba hasta el
25   centro de la laguna. En medio de esta, hacía su ofrecimiento,
tirando esmeraldas y joyas de oro al lago. Finalmente, se zambullía para limpiarse, tiñendo la espuma blanca del agua de un
color dorado, refulgente° a los rayos del sol. Después de bañarse,
volvía a tierra con la balsa. Acto seguido°, comenzaba la fiesta:
30   baile, música y danza. Toda la tribu lo celebraba, reconociendo
al hijo del cacique como el nuevo cacique y señor de los
muiscas. Los españoles llamaron a este personaje "El Hombre
Dorado", nombre que posteriormente fue acortado a "El Dorado",
que pasó a significar la "ciudad de oro".

    adherente / el jugo de las plantas

    un tipo de planta

    como un rey

    brillante
    Después

35   Este ritual—desaparecido mucho antes del siglo XVI—se
transformó en leyenda y pronto alcanzó los oídos de los conquistadores españoles. Estos, que acababan de someter a los ricos y
fabulosos imperios de los aztecas y los incas, se imaginaron un
reino abundante en tesoros y un lago fantástico cuyo fondo
40   estaba formado por arena de oro. Como pasaría más tarde con
la fiebre del oro en California o Alaska, o con el petróleo, empezó
la caza° del tesoro.

    búsqueda   *hunt*

A partir de 1530, comenzaron a organizarse expediciones
para encontrar El Dorado. Violencia, esfuerzo, traición, heroísmo,
45   ambición, ensueño°, se combinaron en esta búsqueda de la
quimera°. Gonzalo Jiménez de Quesada, Gonzalo Pizarro y otros
capitanes españoles lo intentaron. Ninguno de ellos halló la
ciudad de oro; ni siquiera pepitas° suficientes para que sus viajes
merecieran° la pena.

    ilusión
    fantasía
    to find
    nuggets
    valieran

engañar

En 1617, Sir Walter Raleigh consiguió salir de su prisión en la 50
Torre de Londres, al prometer, y estafar°, al rey Jaime I: "Yo puedo
dirigir, sin duda alguna, una expedición a El Dorado y traer de
vuelta las riquezas para su Majestad". ¿El resultado?: fracasó.
Regresó a la madre patria Inglaterra con los bolsillos y las
bodegas de los barcos vacíos: fue decapitado. 55

investigación

Pero no concluye aquí nuestra pesquisa°. Cuando hay oro
de por medio…, la fe persiste eternamente. Los Hermanos Francis-
canos, la Compañía Holandesa de las Indias Occidentales, exploradores británicos, trataron de descubrir el "verdadero" El Dorado.
¿Se imaginan el resultado? 60

Muchas expediciones acabaron en tragedia: ¡cuántos
muertos, perdidos en la jungla, sufrimientos y privaciones! ¿Fue en
vano la busca? No se encontró El Dorado; pero esta búsqueda
tuvo como resultado la exploración de gran parte del norte del
continente sudamericano. El Dorado, además, ha pasado a 65
formar parte de la mitología, de la literatura, de la conciencia de
la humanidad. El Dorado, las Siete Ciudades de Cíbola, Shangri-la,
el Santo Grial, Utopía… tal vez sean esos destinos eternos que
mantienen al ser humano en peregrinación y búsqueda
constantes. 70

La búsqueda de El Dorado tuvo como resultado la exploración de
gran parte del norte del continente sudamericano.

Comprensión

6-5 ¿Quién lo hizo? Escribe el nombre de la persona (o grupo de personas) que habrá hecho lo siguiente. Puede haber más de una posibilidad.

1. _____ Se cubrió de oro antes de tirarse a la laguna.
2. _____ Fundó la ciudad de Bogotá.
3. _____ Después de salir de prisión, fue en busca de El Dorado.
4. _____ Consideraban el oro sólo como objeto decorativo y de culto.
5. _____ Se zambullía en la laguna Guatavita.
6. _____ Se convirtió en Diosa del Lago.
7. _____ Tiraba joyas al agua.
8. _____ Después de ser espolvoreado oro sobre su cuerpo, remaba al centro de la laguna en una balsa de juncos.
9. _____ Tenían que apaciguar a la Diosa del Lago.
10. _____ No encontraron más que unas cuantas pepitas de oro.

6-6 ¿Se encontró El Dorado o no? Antes de leer la leyenda les preguntamos si se encontró El Dorado. Ahora, conversen entre ustedes sobre las posibles razones por las que todavía ninguno de los exploradores lo ha encontrado.

6-7 En tus propias palabras. Elige uno de los acontecimientos de la leyenda de El Dorado y prepara un resumen para contárselo a la clase.

MODELO: *Como parte del ritual de iniciación del nuevo cacique muisca, era tradición…*

Aplicación

6-8 Escucha la leyenda. Escucha la grabación de "El Dorado", fijándote en la pronunciación, la entonación y la dramatización de la persona que la narra. Escoge una sección de dos o tres párrafos que te guste y practica leyéndola en voz alta, imitando el tono y las emociones del narrador: la emoción, la pasión, desilusión… Después presenta tu pieza a la clase.

6-9 El Museo del Oro. Conéctate con la página web de *Leyendas del mundo hispano* para visitar el Museo del Oro, y haz un resumen de sus colecciones y los servicios que ofrece. Conecta con la hoja de la cultura muisca para ver y describir algunas de sus figuras de oro.

6–10 En tu imaginación. Escoge uno de los siguientes personajes y haz una lista de frases que lo/la describan tanto psicológica como físicamente. Incluye también acciones que haría. (¡Habrá que usar la imaginación!) Luego escribe tu descripción en un párrafo, empleando tus propios conceptos y los que indica la leyenda.

- Gonzalo Jiménez de Quesada
- Sir Walter Raleigh
- el cacique de los muiscas
- la Diosa del Lago

Análisis, síntesis y evaluación

6-11 Aspectos importantes. Explica la importancia de los siguientes elementos o conceptos.

1. el oro
2. la avaricia
3. la persistencia
4. el sueño/la meta
5. el rumor/el chisme

6-12 Causas y consecuencias. Discutan en grupo estas cuestiones: ¿Por qué les dijeron tantas personas a los españoles que existía una ciudad dorada, las Siete Ciudades de Cíbola, la fuente de la eterna juventud, etc.? ¿Cuáles han sido las consecuencias de su búsqueda? ¿Cuál sería un caso contemporáneo similar?

6-13 Foro: Noticiero. Prepara un informe con el formato de un periódico, explicando uno de los siguientes titulares.

CACIQUE SE TIRA A LA LAGUNA

QUESADA FUNDA SANTAFÉ

RALEIGH PROMETE ENCONTRAR ORO

ESPOSA DE CACIQUE SE AHOGA EN GUATAVITA

REPORTAJES DE UN HOMBRE DORADO

DICEN: "HAY CIUDADES DE ORO"

6-14 ¿Los fines justifican los medios? Esta leyenda demuestra cómo se combinan la ilusión y la avaricia. Los participantes nunca hallaron el tesoro; sin embargo, su búsqueda tuvo como resultado la exploración de gran parte del continente sudamericano. Formen equipos de dos o tres personas para debatir sobre alguno de los siguientes temas.

- La exploración del continente nunca habría sucedido si no hubiera habido un deseo de enriquecimiento por parte de los exploradores y sus gobiernos.
- El costo en vidas y la esclavitud de la gente indígena jamás justificará el descubrimiento y colonización del continente americano.

Frases comunicativas:

- (No) estoy de acuerdo …
- Estás mal informado/a, …
- Sin embargo,…

MODELO: *Es común escuchar una afirmación del tipo: "los fines justifican los medios". No estoy de acuerdo. Veamos el caso de la búsqueda de El Dorado...*

CAPÍTULO 7

LA LLORONA (MÉXICO)

Cihuacóatl, la diosa azteca de la Tierra, la Vida
y la Muerte.

Contexto cultural

La figura de la mujer que llora por sus hijos perdidos es un arquetipo
común en la mitología. La tradición judeocristiana habla de Raquel, la
mujer que queda inconsolable al perder a sus hijos. En la mitología
clásica, el invierno se le atribuye a la diosa Deméter, quien se entristece
durante la parte del año que tiene que pasar sin su hija Perséfone[1]. En
algunas de las versiones de la leyenda de "La Llorona", cuyo origen se re-
monta a los sucesos relacionados con la Conquista, una mujer miste-
riosa llora por su gente, los indígenas de México.

Parece ser que los códices sagrados° de los aztecas predecían que la   venerables
diosa Cihuacóatl anunciaría la derrota del Imperio a manos de hombres
extraños venidos del Oriente. Se dice que un poco antes de la llegada de

[1] Deméter y Perséfone eran diosas griegas percibidas como madre e hija, que representaban para los pueblos antiguos los
poderes de la naturaleza, su transformación y emergencia cíclica.

69

paseando
predicciones /
priests

Hernán Cortés y sus soldados a México, una dama blanca fantasmal aparecía de noche vagando° por las calles de Tenochtitlán, gritando augurios° de destrucción. El emperador Moctezuma y sus sacerdotes° creían que esta aparición era la misma diosa Cihuacóatl y esperaban con temor el fin de su mundo.

Ya en la época de la colonia, cuando la capital azteca Tenochtitlán se había convertido en la capital de la Nueva España, aparece de nuevo la figura nebulosa y blanca de una mujer que llora. Se creía que se lamentaba también por los infortunios de los indígenas de México; sin embargo, esta vez se decía que la mujer era el fantasma de Doña Marina, a quien se conoce hoy como "la Malinche". La Malinche, cuyo nombre original era Malinalli, era una indígena de noble cuna° que, después de la muerte de su padre, fue vendida por su madre y luego fue regalada como esclava y concubina a Cortés. Su ayuda como intérprete fue muy importante para los españoles durante la Conquista, haciendo posible la formación de alianzas con los enemigos indígenas de los aztecas. Hoy la expresión "malinchista" se refiere a un mexicano que parece preferir las cosas e ideas extranjeras. Irónicamente, Malinche es a la vez traidora de su raza y madre simbólica del México moderno, al ser madre de uno de los primeros mestizos de México, el hijo que le dio a Cortés. Cuando se piensa en la Malinche como la Llorona, se dice que se consume de pena° y grita de angustia por haber traicionado a su propio pueblo.

aristocrática

dolor

La Malinche fue vendida por su madre y luego le fue regalada como esclava y concubina a Hernán Cortés.

Preparación

👥 **7-1 El trauma de la Conquista.** La conquista o derrota de un pueblo es un evento traumático que dura en la memoria colectiva de sus descendientes por siglos. Piensen en uno o más casos parecidos en la historia de la humanidad (p. ej., el Holocausto, la limpieza étnica en Ruanda o en Bosnia, los esclavos africanos traídos a Estados Unidos, el genocidio de los armenios por los turcos…) y apunten algunas repercusiones de estos acontecimientos.

7-2 La herencia de la Malinche. Hoy en México le llaman "malinchista" a una persona que tiene preferencias por las cosas del extranjero. ¿Qué comportamientos concretos crees que se pueden asociar con esta denominación? ¿Conoces a alguien que sea "malinchista"?

7-3 Expresiones clave. Lee las oraciones siguientes y adivina el significado de las expresiones en **negrita**. Primero, reemplaza la expresión con la forma correcta del sinónimo y sus modificantes, si es necesario; luego, escribe otra oración original usando la palabra que cambiaste.

MODELO: Doña Marina (La Malinche) era una indígena de **noble cuna** y todos respetaban a su familia.

*__buena familia;__ Muchas veces los políticos son de **noble cuna**, así tienen mayores recursos económicos para poder participar en la vida pública.*

acuerdo	desdicha	espectral
apenado	desleal	profecía
persona de ascendencia racial mixta		transparente

1. Durante la época de la Conquista, una dama blanca **fantasmal** aparecía por las noches caminando por las calles de Tenochtitlán, gritando y llorando.
2. La Llorona lanzaba **augurios** de una próxima destrucción ocasionada por conquistadores venidos de tierras extrañas.
3. La Llorona lloraba los **infortunios** de los indígenas de México.
4. La Malinche es a la vez **traidora** y madre simbólica del México moderno.
5. La Malinche sirvió como intérprete y así hizo posible la formación de **alianzas** con los enemigos indígenas de los aztecas.
6. El hijo de Cortés y la Malinche fue un **mestizo**, el "primer mexicano".
7. Su vestido era blanco y **vaporoso**.
8. Parecía ser una persona **angustiada** por la pérdida de sus hijos.

7-4 Tenochtitlán. Cuando los conquistadores españoles fundaron su capital en la Nueva España, la construyeron encima de la capital azteca de Tenochtitlán en el Valle de México. Siglos después, cuando excavaban para las obras del metro, encontraron restos de vastos templos, pirámides y otros artefactos del Imperio Azteca. Conéctate con la página web de *Leyendas del mundo hispano* para ver un modelo de la capital azteca. Luego, escribe un párrafo describiendo lo que veas.

7-5 Mientras lees. Una leyenda muchas veces refleja no sólo la historia, sino también las opiniones y el pensamiento de un pueblo. Los mexicanos todavía sostienen juicios muy críticos sobre la conquista española de su país y de su gente. En esta leyenda, ¿qué reflexiones podemos hacer sobre el legado (la herencia) de este acontecimiento histórico?

La Llorona

toque…la hora en que todos deben estar en sus casas / oscuras / calles estrechas

En la época del Virreinato de Nueva España, en la ciudad de México, después del toque de queda°, a media noche, principalmente si había luna llena, se oían unos tristísimos y agónicos lamentos de mujer. La gente, llena de temor, evitaba salir a las tenebrosas° callejas° coloniales. Sin embargo, algunos valientes, movidos por la curiosidad, se atrevían a mirar desde las ventanas de sus casas. Con el tiempo, incluso hubo personas que salían a las calles para averiguar la causa de este llanto. ¿Qué veían estas gentes? *different people in the world*   5

rondaba
plazas pequeñas

Veían una dama que, impulsada por el viento, vagaba° por las oscuras calles y plazuelas°. Su vestido era vaporoso y blanquísimo. Su pelo negro bailaba con la brisa de la noche, y llevaba el rostro cubierto con un blanco velo. Se paraba ante cruces, templos, cementerios e imágenes de santos iluminadas en las esquinas. Se detenía en la Plaza Mayor y se arrodillaba mirando hacia la Catedral. Se volvía a levantar, lanzaba su lamento y desaparecía al llegar al lago. Los habitantes de la capital se preguntaban quién sería aquel fantasma angustiado que emitía gritos tan desgarradores°.   10

    15

dolorosos

—¡Es la Diosa Cihuacóatl! *mother nature* —decía uno—. Le he visto el cabello, parece que tiene cuernos en la frente. Continúa llorando por la destrucción de nuestra raza.   20

—¡No, no!—replicaba otro—. Es doña Marina, "la Malinche".
Viene del otro mundo a penar por haber traicionado a su

25 pueblo.

—Estáis equivocados. Yo sé la verdad—dijo una anciana—. Es
una mujer desgraciada que llora la muerte de sus hijos. Mi
abuela, que la conoció de niña, me contó su historia.

—¡Por favor, por favor… cuéntanosla!—le suplicaron° sus   rogaron

30 oyentes.

Aquella vieja mujer así lo hizo. Este es su relato.

Hace mucho tiempo, poco después de la conquista de
México, en un barrio pobre de la capital, vivía una mujer muy hermosa llamada doña Luisa de Olveros. Era doña Luisa de raza

35 mestiza, descendiente de una mujer indígena y de un español. Un
día, paseando por la Plaza Mayor, se encontró frente a frente con
un apuesto capitán español, don Nuño, de la prestigiosa y noble
familia de los Montesclaros. El capitán español, deslumbrado°   impresionado
por su belleza, bajó del caballo. Justo enfrente de la catedral,

40 extendió su capa en el suelo, para que la esbelta° mestiza pisara   fina
sobre ella. Doña Luisa, impresionada por la apostura° y   gentileza
caballerosidad° del español, fue seducida por don Nuño. El   buenos modales
padre de la muchacha, preocupado por su hija, la amonestaba°   reñía
severamente:

45 —Hija mía, te prohíbo que veas a ese hombre. ¡Olvídalo! No
te ilusiones con el matrimonio. ¡Nunca un español de sangre pura
se casará contigo!

Luisa, enamorada, no hacía caso de° las advertencias de su   hacer…prestaba
padre. Poco después, Nuño la llevó a vivir a una casa de mayor   atención

50 categoría. Allí la visitaba todos los días. Con el tiempo tuvieron
tres hijos. A menudo, ella le pedía a su amante legalizar su unión.
Don Nuño le daba alguna excusa para no casarse, y algunos
doblones° de oro para mantener a los niños.   antiguas monedas

El tiempo pasaba y don Nuño cada vez le prestaba menos

55 atención a doña Luisa. La mujer se sentía dolorida: su amante ya
no era atento con ella. Un día, Luisa tuvo una premonición. Esa
noche decidió ir a la opulenta casa de los Montesclaros. Al llegar
a la mansión, vio cómo se celebraba una fiesta por la próxima
boda de don Nuño con una noble española.

60 Luisa, desesperada y sintiéndose traicionada, intentó hablar
con Nuño. Le recordó su deber de padre: "¡No olvides a quienes
son sangre de tu sangre!" Le suplicaba mientras se abrazaba
desconsolada a sus rodillas°. Don Nuño, altanero° y arrogante, la   *knees* / orgulloso
arrojó cruelmente de su lado, entre la burla de los asistentes a la

65 fiesta:

—¡No vuelvas a cruzarte en mi camino! ¿Acaso piensas que una mujer con sangre india, una mestiza, puede ser mi esposa?

rompiendo
Condenaba

cuchillo

calles estrechas
de la Colonia

Luisa, enloquecida y rasgando° su vestido, se precipitó hasta su casa. Maldecía° entre lágrimas su sangre indígena. Nunca sería una mujer digna del linaje de don Nuño. Entró en casa y vio a sus tres hijos; ciega de dolor, tomó el puñal° que le regaló don Nuño. Con él, mató a sus tres niños. Con ropas y manos bañadas en la sangre de sus hijos, salió a la calle. Recorrió las callejuelas° de la capital virreinal°, alumbradas por la luna llena. Corría y corría, gimiendo y llorando. Sus dolorosos aullidos, sus gritos, herían el alma de quienes los oían.   75

—¡Aaaaaaaay mis hijos, mis pobrecitos hijos…! ¡Aaaaaaaaaaay, aaaaaaaaaay!

Por

Doña Luisa fue detenida por la justicia y condenada a muerte. Desde entonces, especialmente en las noches de plenilunio, se escuchan, por las calles de la capital de Nueva España, horrendos gritos lanzados por una mujer vestida de blanco: "¡Aaaaaaay mis hijos, mis pobrecitos hijos…! ¡Aaaaaaaaaay, aaaaaaay!" Debido a° estos lamentos, se conoce a esta mujer como "La Llorona". Al menos, así lo cuenta la leyenda.   80   85

Este cuadro del mexicano Raúl Anguiano ofrece una re-interpretación moderna de La Llorona. Raul Anguiano - La Llorona, 1942. Oil on canvas, 23 5/8" x 29 5/8". The Museum of Modern Art/Licensed by Scala-Art Resource, NY. Inter-American Fund.

indio → insult

Comprensión

7-6 ¿Quiénes son los personajes? Describe brevemente cómo aparecen los siguientes personajes en esta u otra leyenda.

Deméter

Cihuacóatl

La Malinche

Luisa

don Nuño de Montesclaros

el padre de Luisa

7-7 Vuelve a contar la leyenda. Termina cada frase con la información necesaria para contar la leyenda.

1. Don Nuño era...
2. Conoció a Luisa, una señorita...
3. Los dos se enamoraron...
4. El padre de Luisa le advirtió a su hija que...
5. Don Nuño la llevó a vivir...
6. Con el tiempo Luisa...
7. Don Nuño dejó de...
8. Un día Luisa presintió que...
9. Fue a la casa de él donde había una fiesta para celebrar...
10. Cuando le rogó que volviera con ella,...
11. Luisa volvió a casa, donde...
12. Fue detenida por...
13. Y hasta el día de hoy...

Aplicación

7-8 ¿Cómo son? Prepara una lista de adjetivos y frases que describan a Luisa y a don Nuño. Luego, piensa en otros personajes históricos, literarios o legendarios que conozcas y compáralos con los personajes de esta leyenda.

MODELO: *Luisa es bella e inocente, como Blancanieves, pero...*

7-9 Escucha la leyenda. Escucha la grabación de "La Llorona", fijándote en la pronunciación, la entonación y la dramatización de la persona que la narra. Escoge una sección de dos o tres párrafos que te guste y practica leyéndola en voz alta, imitando el tono y las emociones del narrador: la emoción, la pasión, el engaño... Después presenta tu pieza a la clase.

👥👤 7-10 El punto de vista mexicano. Antes de leer la leyenda les pedimos que se fijaran en las opiniones de los mexicanos sobre la conquista. Ahora, conversen entre ustedes para identificar y dar ejemplos de la forma de pensar en aquella época.

🖱 7-11 Características de "La Llorona". En todas las versiones de "La Llorona" hay varios puntos en común. Vuelve a leer el **Contexto cultural** y apunta las características aparecidas en la leyenda que se relacionen con los términos que encontrarás a continuación. Conéctate también con la página web de *Leyendas del mundo hispano* para leer o ver una versión moderna de "La Llorona".

1. un color
2. la manera de matar
3. las razas/clases sociales
4. el vestido
5. el pelo
6. la relación entre el hombre y la mujer
7. la luna
8. el agua

Análisis, síntesis y evaluación

👥👥 7-12 La psicología mexicana. Octavio Paz, poeta y filósofo mexicano, escribe en su libro *El laberinto de la soledad* que México sufre un complejo de inferioridad, debido a su historia de pueblo conquistado y creado por el mestizaje, y por haber tenido una fachada española superpuesta sobre su cultura indígena. Paz plantea que lo indígena y la angustia de la Conquista siguen influyendo inconscientemente en el pensamiento y el modo de ser de los mexicanos. En tu opinión, ¿puede ser que esta leyenda describa ese complejo? Después de discutir esta cuestión, compartan sus ideas con el resto de la clase. (Para más información sobre las ideas de Octavio Paz, pueden consultar la página de *Leyendas del mundo hispano* en la Red Informática.)

7-13 Foro: Contribuciones amerindias. Entre las muchas contribuciones de la gente indígena de las Américas, se destacan **los calendarios, el embalsamiento, los almanaques, la anestesia, el baloncesto, el maíz, el chicle, el hule** y **el adobe.** Investiga alguna de estas u otra que te interese, y escribe una entrada en tu foro explicando su importancia en la civilización moderna.

Modelo: *El baloncesto tiene su origen en las Américas. Los olmecas lo jugaban con una pelota de hule (goma) hace …*

7-14 La culpa. Esta leyenda puede interpretarse desde un punto de vista histórico (la conquista de México), o desde uno moderno psicológico (el infanticidio). Formen equipos de dos o tres personas para debatir sobre alguno de los siguientes temas.

- Cuando un pueblo domina a otro por la fuerza, las consecuencias siempre son trágicas.
- Hoy en día, la persona que comete infanticidio no tiene la menor excusa.

Frases comunicativas:

- Según …
- Estoy a favor de …
- Estoy en contra de …

MODELO: *La subyugación de cualquier civilización es un crimen. Estoy a favor de abrir una investigación sobre la conquista de México por los españoles…*

DE LA CARIDAD
BRE° (CUBA)

Copper

La rica historia de Cuba se refleja en su gente.

Contexto cultural

Conocida como la "Perla de las Antillas", la bella isla de Cuba siempre ha encantado a los viajeros. Sus aguas cristalinas, sus playas, su flora y fauna, tan hermosas como si fueran sacadas de un folleto turístico, han fascinado a muchos artistas, incluso al famoso escritor estadounidense, Ernest Hemingway, que pasó allí una gran parte de su vida. No obstante, la belleza natural de Cuba no es la única contribución a la magia de esta isla, porque en la gente misma se ve una maravillosa riqueza cultural, producto de culturas tan diversas como la española, la africana y la china.

Hoy en día muchos de los cubanos residentes en la isla son mulatos, una mezcla de españoles y africanos. Aunque este término es considerado ofensivo por algunas personas, es la palabra que muchos de los hispanos de origen africano y europeo emplean para denominar su

for Prueba 3

79

identidad racial. Sin embargo, la historia de los orígenes de esta fascinante confluencia de culturas es un ejemplo de la crueldad humana.

Como se sabe muy bien, los africanos llegaron a Cuba, como a las otras colonias del Nuevo Mundo, encadenados° después de un abominable viaje conocido en inglés como "The Middle Passage". Capturados en las regiones costeras° por hombres blancos, o vendidos a estos por otras tribus africanas, los africanos llegaron a las Américas a trabajar como esclavos en las plantaciones, minas y otros lugares. Entre los trabajos de los esclavos, los más duros eran trabajar en las minas o en las colonias° o ingenios de azúcar °. Durante la zafra°, el esclavo trabajaba desde el amanecer hasta el anochecer. A consecuencia de este maltrato, un diez por ciento de los esclavos de los ingenios enfermaba y moría todos los años. Sin embargo, a pesar de estas terribles condiciones, muchos creen que la esclavitud en Cuba en general fue menos dura que en Estados Unidos: primero, los trabajos en los cafetales°, fincas y vegas de tabaco no eran tan agotadores; y segundo, según la tradición española, el esclavo no era solamente una posesión, sino también una persona que tenía el derecho a comprar su libertad, lo que no pasaba en Estados Unidos.

En Cuba, esta tradición se convirtió en un proceso de emancipación llamado "coartación"°, que empezaba cuando un esclavo había pagado la cuarta parte de su valor. Muchos esclavos cultivaban vegetales o criaban animales para poder ganar su libertad, pero no todos tenían esa oportunidad.

Con el paso del tiempo, la presencia de los esclavos negros cambió la cultura cubana en lo referente a la comida, música, lengua y religión. Se creó una religión sincrética, una mezcla del catolicismo y de las creencias africanas, que se llama "santería". Tal vez, el símbolo más poderoso de este matrimonio de tradiciones se manifiesta en la imagen de la Virgen de la Caridad del Cobre, la cual, para muchos cubanos cristianos, es parte de una larga tradición católica y española de apariciones de la Virgen María. Sin embargo, para los que creen en la santería, esta misma imagen es la de la diosa Ochún[1], una diosa cuya identidad tuvo que ocultarse bajo la de la Virgen María durante muchos años, cuando los africanos no podían practicar su religión abiertamente. Los esclavos crearon un sistema en el que daban a sus dioses africanos nombres de santos católicos para poder adorarlos en secreto. Más adelante, tendrás la oportunidad de conocer una versión de la leyenda de la aparición de la Virgen de la Caridad del Cobre en el siglo XVII, dadora de esperanza a los esclavos y a los pobres por el mensaje que revelaba. La Virgen de la Caridad del Cobre es la Santa Patrona de la isla de Cuba y su día de fiesta es el 8 de septiembre en el calendario católico.

Glosas al margen:

sujetados con cadenas marítimas

plantaciones / *sugar mills / sugar harvest*

plantaciones de café

limitación

---

[1] también se le conoce como Oshún.

Se construyó una capilla para honrar a la Virgen de la Caridad del Cobre.

Preparación

8-1 Cuba: "La perla de las Antillas". Conéctate con la página web de *Leyendas del mundo hispano* para ver fotos de Cuba, y escribe breves descripciones de dos o tres de ellas. Puedes incluir esta información: su paisaje, su gente, su comercio, su flora y fauna. Compáralo con otro lugar que conozcas.

8-2 La cultura cubana. Indica cuáles de estas frases se pueden aplicar a Cuba. Explica por qué las demás no se aplican.

1. Cuando Ernest Hemingway vivía en Cuba, escribió *The Old Man and the Sea*, una de las obras por las que ganó el Premio Nobel de Literatura en 1954.
2. A causa de la exterminación de los indios, el pueblo cubano es bastante homogéneo.
3. Los africanos que llegaron a Cuba eran principalmente dueños de los indígenas.
4. Los esclavos trabajaron en las colonias de azúcar y tabaco, y también en las minas de cobre.
5. Aunque trabajaban duro, muy pocos de los esclavos perecieron.
6. En contraste con los esclavos en Estados Unidos, quienes podían comprar su libertad, los de la América española eran esclavos de por vida.
7. La influencia cultural de los africanos es evidente en toda la cultura cubana, hasta en la religión.
8. Para poder observar sus propias creencias, los esclavos les daban nombres católicos a sus dioses africanos.
9. La "santería", una mezcla del catolicismo y las creencias africanas, ya no se practica en Cuba.
10. La Virgen de la Caridad del Cobre es la Santa Patrona de los mineros cubanos.

8-3 Cuba: puntos de interés. En el mapa siguiente, identifica y sitúa estos puntos de interés. Si necesitas ayuda, conéctate con la página web de *Leyendas del mundo hispano*.

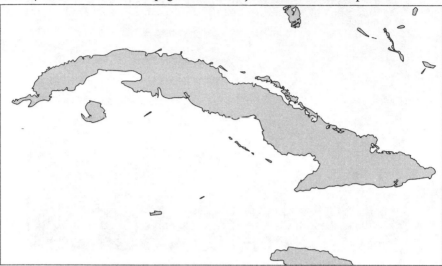

1. la capital
2. la base militar estadounidense
3. un área de riqueza agrícola
4. una playa hermosa
5. un mar
6. un océano
7. una bahía importante en la historia de Cuba y EE.UU.
8. la sierra donde se sitúa El Cobre

8-4 Expresiones clave. Lee las oraciones siguientes y adivina el significado de las expresiones en **negrita**. Primero, reemplaza la expresión con la forma correcta del sinónimo y sus modificantes, si es necesario; luego, escribe otra oración original usando la palabra que cambiaste.

MODELO: Todos los **lugareños** conocen la leyenda de la Virgen de la Caridad del Cobre.
   *habitantes; Los **lugareños** son las personas que habitan un lugar.*

onda	dirigirse	rayo
al atardecer	maravilla	terror

1. Un buen día, los tres amigos **se encaminaron** hacia la bahía donde iban a recoger sal para sus familias.
2. Las tormentas **vespertinas** son mucho más violentas que las de la mañana o las de la noche.

3. Durante la terrible tormenta, se oyeron fuertes truenos después de verse **relámpago**s que iluminaban el cielo.

4. El **pavor** que sintieron los tres chicos fue tan grande que no querían abrir sus ojos.

5. Las gigantescas **olas** del mar subieron y bajaron violentamente.

6. La aparición de la pequeña figura era como un **milagro** de Dios.

8-5 Mientras lees. Esta leyenda, de una profunda fe, cuenta la historia de un milagro. Busca ejemplos de los dos fenómenos.

La Virgen de la Caridad del Cobre

Si ustedes visitan la hermosa isla caribeña de Cuba, no dejen de pasarse por la villa de El Cobre, cerquita de Santiago de Cuba. Allí, en lo alto de la Sierra Maestra, se encuentra el Santuario de Nuestra Señora de la Caridad del Cobre, donde se conserva la
5   estatua de la Virgen de la Caridad del Cobre, patrona° de Cuba.   **santa patrona**
Y si tienen la oportunidad, pidan a algún lugareño que les cuente   *local*
alguna de las leyendas que giran alrededor de esta bellísima
imagen. Pero por si acaso no tienen esa posibilidad…, yo les voy a
narrar ahora una de ellas.

10   A principios del siglo XVII, durante el dominio español de la
isla, tres campesinos de la región oriental se encaminaron una
mañana desde Barajagua a la bahía° de Nipe en busca de sal.   *bay*
Eran tres amigos, pertenecientes a las clases más pobres y oprimidas, que arriesgaban a menudo sus vidas en la mar para ayudar
15   a sus familias: dos hermanos indios, Juan y Rodrigo de Hoyos, y un
esclavo negro de diez años, Juan Moreno. Con objeto de evitar
las terribles tormentas tropicales vespertinas de la estación,
salieron con ánimo alegre, muy temprano aquella mañana.

     A pesar de que caminaban deprisa, todavía se encontraban
20   a mitad de camino, en Cayo (Isla) Francés, cuando el cielo se   *deafening,*
cubrió rápida y totalmente. ¡BRUUUMMMMM! Los truenos resona-   *lightning bolts*
ban ensordecedores; los relámpagos alumbraban la oscuridad
del cielo. Juan, el más niño de los tres, sintió pavor:

     —¡Por favor, no continuemos con este tiempo!—exclamó,
25   mientras sus ojos asustados iban del cielo a la mar—. Además, la
mar está muy brava; no podremos recoger la sal.

     —¡Es verdad!—gritó Juan de Hoyos con todas sus fuerzas,
para que su voz no se perdiera en el vendaval° —. Podemos refu-   **ciclón**
giarnos aquí mismo.

30   Su hermano Rodrigo, que miraba las olas° golpearse las unas   **crestas de la mar**
contra las otras, mientras sentía la lluvia azotarle° la cara y el   **golpearle**

limpiar
tempestad
al amanecer
minas de sal

viento barrer° la playa, era de la misma opinión. Decidieron acampar en Cayo Francés. Pasado el temporal°, tres días de mal tiempo y mar agitada, embarcaron una madrugada°, antes de la salida del sol, en una canoa y se dirigieron a las salinas° de la costa. Remaban con buen humor. La mar estaba en calma y el calor del sol iba en aumento.   35

voluminosa
rápidamente
atrona

De pronto, las olas se agitan de nuevo: primero, poco a poco; después, más y más vehementemente. Los hermanos indígenas y el esclavo africano empiezan a intranquilizarse a medida que la canoa se mueve más y más violentamente. La espuma del océano es cada vez más gruesa°; la mar trae una nueva tempestad, que se acerca a su pequeña embarcación velozmente°. ¡UUUUUUUUUH!, ruge° el viento. Juan y Rodrigo de Hoyos comienzan a rezar. El niño Juan cierra los ojos con temor; un golpe fuerte de mar se los hace abrir: ¡sobre la espuma de las olas violentas flota una cosa blanca!   40

45

—¡Miren!, ¡por allá!—les grita a los dos hermanos—, ¡una cosa blanca, una cosa blanca! ¿Qué es aquella cosa blanca?, ¿ramas secas?

—No son ramas. Es un pájaro muerto—afirma Juan de Hoyos—. ¡Acerquémonos más!—eleva la voz para hacerse oír por encima del creciente ruido de la tormenta marina.   50

swell

—¡Parece una niña!—exclama Rodrigo, mientras rema vigorosamente sobre el oleaje°.

—¡Es la diosa Oshún!—susurra el niño Juan, los ojos abiertos de admiración y cierto temor en la mirada, recordando las antiguas creencias de sus antepasados yorubas[1].   55

el lado derecho del
barco

rastro
drops

de la tierra
tabla pequeña

estupefacto

El objeto blanco se acercaba hacia ellos lentamente, por estribor°. Parecía navegar sin tocar las olas siquiera. A veces, estas lo ocultaban a la mirada de "los tres Juanes"[2]; pero de repente, el oleaje lo elevó y lo puso enfrente de ellos. ¡Ya lo veían claramente! Iba dejando una estela° resplandeciente detrás de él que convertía la espuma en gotas° multicolores. ¡Era una imagen de la Virgen María, pequeña, con un rostro redondo que parecía sonreírles! Sostenía en el brazo izquierdo al Niño Jesús, quien en una mano traía un globo terráqueo°. Toda la imagen, que "los tres Juanes" miraban asombrados, reposaba sobre una tablilla°.   60

65

—¡Es un milagro!—exclamó sobrecogido° Juan de Hoyos—; sus vestiduras están secas a pesar del oleaje.

—¡Y la lluvia no ha conseguido mojar la imagen!—observó Rodrigo maravillado.   70

—¡La tablita tiene algo escrito!—gritó Juan Moreno—. ¡Huy!, ¡son unas letras muy grandes! Rodrigo, por favor, tú que sabes leer, ¿qué dice?

[1] pueblo del África occidental, muchos de ellos traídos como esclavos al Caribe.
[2] nombre dado a los tres protagonistas.

75 —"Yo... soy... la... Virgen... de... la... Caridad"—Rodrigo leía
despacio y con dificultad, estremeciéndose° con cada palabra.   conmoviéndose

Antes de terminar de leer, los "tres Juanes" ya estaban arrodilla-
dos sobre la canoa, rezando con devoción. A medida que la imagen avanzaba, la tempestad se calmaba y la mar se tranquilizaba.
80 Llenos de alegría e intensa emoción, la depositaron en la canoa y,
dándose prisa por regresar, con gozo° y con bien a Barajagua,   alegría
cogieron sólo un poco de sal.

Una vez en el pueblo, la imagen fue instalada en una ermita°,   santuario
donde era reverenciada por la gente que iba todos los días a visi-
85 tarla. Pero la historia de esta maravillosa imagen no acaba aquí: la
estatua empezó a desaparecer por la noche, para aparecer al día
siguiente, a pesar de que la puerta de la ermita se cerraba a la
puesta del sol°. Los habitantes del lugar estaban intrigados: ¿por   anochecer
qué desaparecerá la Virgen? Pensaron que quizá quería cambiar
90 de sitio e ir a una iglesia más suntuosa. Un domingo decidieron llevarla en procesión al altar mayor de la iglesia parroquial, donde la
dejaron al cuidado de un buen hombre de fe, Marías de Olivera.

Marías de Olivera la cuidaba y limpiaba con esmero° para que   cuidado
la Virgen se sintiera a gusto y no volviera a marcharse. Sin embargo,
95 en tres años que permaneció en la iglesia parroquial, desaparecía
de tanto en tanto. La gente se preguntaba extrañada: ¿a dónde
irá Nuestra Señora de la Caridad?, ¿dónde querrá quedarse?

Durante una de estas desapariciones, una niña llamada Apolo-
nia fue a las minas de cobre, donde trabajaba su madre, a recoger
100 flores y perseguir mariposas°. Y allí, en la cima del cerro, ¡vio la ima-   insectos con alas
gen de la Virgen de la Caridad! Corriendo veloz, llevó la noticia a   multicolores
los pobladores. Estos no sabían si creerle o no, pero la niña se man-
tenía firme en su relato. La gente quería ver aquello; se precipitó a
la Sierra. Arriba, se divisaba° un resplandor, un resplandor hermoso   se veía
105 como un arco iris. ¡Ya sabían dónde quería quedarse la Virgen!

Todo el pueblo acompañó a la imagen a su nuevo altar, construido en aquel alto lugar. Consideraban natural que una Virgen
que se apareció a los humildes quisiera habitar entre los humildes,
en su nuevo Santuario en El Cobre. Este era su verdadero hogar,
110 desde el que velaba por° su pueblo, al que protegía y amparaba°.   cuidaba / protegía
Y así, fue en El Cobre, en 1801, donde los mineros obtuvieron su
libertad. Y es aquí, en El Cobre, donde permanece la Virgen hasta el
día de hoy.

Santa María de la Caridad
115 que viniste como mensajera de paz,
flotando sobre el mar.
Tú eres la madre de todos los cubanos.

Esta leyenda inspira a muchos, como al artista cubano-americano José F. Grave de Peralta.

Comprensión

8-6 Ordenar las palabras. Pon las palabras de cada frase en orden lógico. Luego indica si la frase es cierta o falsa según la leyenda que acabas de leer, y corrige las falsas.

MODELO: adorarlos dieron de esclavos santos nombres secreto dioses a sus poder los en les para católicos africanos.

Cierto: Los esclavos les dieron nombres de santos católicos a sus dioses africanos para poder adorarlos en secreto.

1. _____ Cuba la su en la origen de el durante el XX y sierra dominio leyenda francés de la isla oriental tiene siglo.

2. _____ tormentas los tardes en evitar tres ocurrían las peligrosas que por los amigos las trópicos esperaban.

3. _____ anunciando truenos, relámpagos los alumbraron el de repente, cielo y resonaron los así la oscuro tormenta.

4. _____ los chicos casa se días volver un cayo en refugiaron tres pasó hasta que la durante tempestad y tres pudieron a.

5. _____ les por el diosa que vieron una que mar, anunció era la figura Oshún.

6. _____ los la ermita una instalaron en para del sacerdotes público esconderla.

7. _____ siguiente todas las luego día desaparecía noches la para figura volver el.

8. _____ los procesión llevarla importante en a la decidieron Habana e una en una iglesia más habitantes instalarla.

8-7 ¿Cómo termina la historia? Ahora escribe tres frases originales para resumir lo que pasa después. Reordena las palabras como en la actividad anterior y pasa tus frases a un/a compañero/a para que las descifre.

8-8 ¿Dónde aparece? Vuelve a leer la leyenda para identificar estas partes de la misma. Escribe una frase explicando cada momento clave. (Puede haber más de un ejemplo.)

1. misterio
2. pavor
3. paz
4. inocencia
5. asombro

8-9 La fe del pueblo. Antes de leer esta leyenda, les pedimos que buscaran ejemplos de la fe profunda del pueblo. Ahora, túrnense para dar ejemplos de esta fe y del milagro que se narra.

Aplicación

8-10 Escucha la leyenda. Escucha la grabación de "La Virgen de la Caridad del Cobre", fijándote en la pronunciación, la entonación y la dramatización de la persona que la narra. Escoge una sección de dos o tres párrafos que te guste y practica leyéndola en voz alta, imitando el tono y las emociones de la narradora: la emoción, la pasión, el misterio… Después presenta tu pieza a la clase.

8-11 Los milagros. Piensen en una historia que cuente un acontecimiento milagroso y túrnense para contárselo a la clase.

8-12 La importancia de la sal. Los "tres Juanes" se encaminaron "aquel" día hacia la bahía de Nipe en busca de sal. Hoy en día, la sal es algo que damos por sentado (*for granted*), pero hay otras cosas por las que arriesgaríamos la vida. ¿Cuáles podrían ser algunas de estas para ustedes?

8-13 La cocina cubana. La cocina cubana refleja su lugar geográfico y su herencia cultural. Algunas recetas que pueden encontrar en la página web de *Leyendas del mundo hispano* incluyen:

arroz con pollo	ropa vieja	flan	tostones

A continuación, tienen una receta para "Moros y cristianos", un plato típico cubano. Prepárenlo y compártanlo con sus compañeros.

Moros y cristianos

4 onzas de tocino picado en cuadritos	Fríe el tocino en una sartén grande por unos 6-8 minutos.
5 cucharadas de aceite de oliva	
1 cebolla picada	Agrega la cebolla, pimiento y ajo; y sofríelo todo durante 6-8 minutos más.
2 dientes de ajo machacados	
2 latas de frijoles negros con su lquido	Incorpora todos los ingredientes restantes y cocínalo a una temperatura medio-alta, hasta que absorba toda el agua y aparezcan pequeños cráteres por la superficie del arroz.
2 tazas de arroz blanco	
4 tazas de agua (incluyendo el agua de los frijoles)	
1 hoja de laurel	Revuélvelo con un tenedor y continúa cocinándolo a una temperatura baja hasta que se ablande el arroz, unos 30 minutos más. Desecha la hoja de laurel.
2 cucharaditas de sal	
cucharadita de comino *(cumin)*	
pimienta molida al gusto	Sírvelo con una ensalada verde.

Análisis, síntesis y evaluación

8-14 La influencia africana en la cultura hispana. Los africanos tuvieron mucha influencia en el idioma, el arte, la música y sus instrumentos. Conéctate con la página web de *Leyendas del mundo hispano* para ver ejemplos de esta influencia y escribe un breve resumen de uno de ellos.

8-15 Foro: Me lo contaron así. Investiga otro milagro que haya ocurrido en el mundo hispano y escribe una versión en tu foro. Incluye esta información en tu relato:

- dónde tuvo lugar
- qué pasó
- quiénes lo vieron
- qué pasó después
- qué dice la gente hoy en día al respecto

MODELO: *Un milagro muy importante en la cultura mexicana es el de la Virgen de Guadalupe…*

8-16 La fe y la razón. La religión y la fe siempre han figurado como algo muy importante en la vida personal, social y política. Formen equipos de dos o tres personas para debatir sobre alguno de los siguientes temas.

- En este país jamás podría ser elegido Presidente alguien que no fuera creyente.
- Una sociedad fundamentada tan sólo en la fe religiosa podría llevar al fanatismo e intolerancia.
- La razón, por sí sola y sin la ayuda de la fe, no es capaz de solucionar los problemas de la humanidad.

Frases comunicativas:

- Ya es hora que …
- Pero lo más importante es que …
- Y también el gobierno debe …

MODELO: *En este país es imposible que se elija como Presidente a una persona que no sea creyente, pero ya es hora que tal persona se postule…*

CAPÍTULO 9

EL ÑANDUTÍ (PARAGUAY)

La tela de la araña es a la vez artística y funcional.

Contexto cultural

Las arañas°, a la vez criaturas de pesadilla° y de cierta elegancia, han inspirado muchas leyendas durante siglos. En la mitología griega la araña es Aracné, una mujer que, en una competición, tejió un tapiz° que superó al de la misma diosa Atenea. Según las leyendas islámicas, una araña cubrió la entrada de la cueva donde dormía el profeta Mahoma para esconderlo de sus perseguidores°, en la primera noche de la hégira o huida del profeta de La Meca. En Escocia, una araña, que intentó siete veces construir su telaraña desde la viga del techo° del dormitorio, animó al rey escocés Robert Bruce a atacar a los ingleses una vez más, después de haber sufrido seis derrotas°; ganó entonces la batalla de Inverurie, asegurando así la independencia de Escocia unos siglos más.

criaturas con ocho patas / sueños desagradables / *tapestry*

acosadores

viga del ...*ceiling beam*

fracasos

89

asociación

weave

En Paraguay, una leyenda popular sobre una araña demuestra una simbiosis° interesante entre lo europeo y lo indígena. Esta leyenda se originó en el pueblo de Itaguá y se asocia con los encajes especiales que se tejen° en esta localidad. Estos bellos encajes, llamados "ñandutís", son famosos en todo el mundo.

Ñandutí quiere decir "tela de araña" en guaraní, el idioma indígena de Paraguay, y que es también uno de los idiomas oficiales del país. Según la leyenda paraguaya, ambientada en la época colonial, una araña tuvo un papel muy importante en la creación de los "ñandutís", que hoy en día forman parte de la rica artesanía paraguaya.

Preparación

9–1 Paraguay. Observa el mapa de América del Sur a continuación, y traza o identifica lo siguiente.

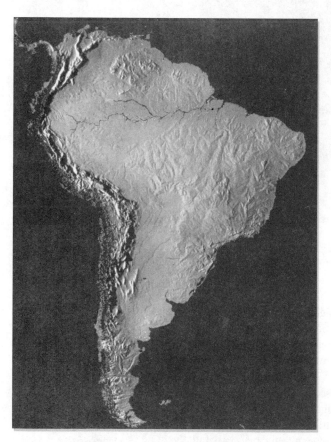

1. las fronteras de Paraguay
2. los países con los que tiene fronteras
3. su acceso al mar
4. su capital
5. un posible producto agrícola, de acuerdo con su topografía
6. su tamaño en comparación con el de sus vecinos

👥 **9-2 La personificación de animales e insectos.** Preparen una lista con las cualidades personificadas que se asocian con las siguientes criaturas. Discutan cuáles de estos aspectos son deseables en ustedes mismos o en sus amigos/as, y por qué.

MODELO: *El elefante es un animal fuerte y majestuoso. Parece ser sensible y estar muy unido a su manada (herd). Para mí, la familia es importante, así que me identifico con el elefante.*

1. la hormiga (*ant*)
2. el perro
3. el castor (*beaver*)
4. la tortuga

5. la araña
6. el gato
7. el águila
8. el toro

9-3 El contexto cultural. Busca en el apartado **Contexto cultural** las palabras o expresiones que correspondan a cada una de las definiciones siguientes. Luego emplea cada palabra o expresión en una frase que demuestre que comprendes su significado.

MODELO: *figura femenina mitológica*
   *Atenea es la **diosa** griega de la cual tomó su nombre Atenas, la capital de Grecia.*

1. tejido que prepara la araña para atrapar insectos
2. tejido decorativo hecho a mano para adornar
3. el idioma indígena de Paraguay
4. el profeta árabe que huyó de La Meca
5. una nación al norte de Inglaterra
6. expresión árabe que significa "huida"

9-4 Expresiones clave. Lee las oraciones siguientes y adivina el significado de las expresiones en **negrita**. Primero, reemplaza la expresión con la forma correcta del sinónimo y sus modificantes, si es necesario; luego, escribe otra oración original usando la palabra que cambiaste.

MODELO: El matrimonio habitaba una **casona** digna de una familia de bien.
   ***mansión;** Yo preferiría vivir en una casita pequeña y cómoda que en una **casona** grande e impersonal.*

alejarse	arriesgar la vida	envejecido
aliviar	deshecho	tristeza

1. Manuela sentía mucha **nostalgia** por sus padres; los extrañaba muchísimo.
2. Cuando hablaba con su compañera, podía **desahogar** la tristeza de su corazón, así se sentía mejor.

3. Su esposo tenía que **ausentarse** por un tiempo.

4. La mantilla que le había regalado su mamá estaba amarilla y un poco **gastada** por el tiempo.

5. Cuando la muchacha la lavó, la mantilla salió del agua completamente rota, **deshilachada.**

6. Manuela soñó que su marido **corría peligro** en su viaje.

9–5 Antes de leer. Esta es una de las muchas historias o leyendas que procura darnos una idea de lo que pasó después de la llegada de los españoles. La mezcla de razas fue muy difícil, pero no siempre fue del todo dolorosa. Mientras lees la leyenda piensa en la relación entre la señora y la indígena. ¿Cómo es el carácter de cada una? ¿Reaccionarías tú de la misma manera? ¿Por qué sí o por qué no?

El ñandutí

La joven Manuela abandonó su casa para acompañar a su marido a las Américas.

Antes de partir para América —en la época de la colonia—, Manuela, la esposa de un joven oficial del ejército español destinado al Paraguay, fue a decir adiós a su madre. El encuentro fue muy doloroso, pues no sabían si volverían a verse en vida. Entre las muchas cosas que la madre le dio en aquella ocasión para su nuevo hogar, había una de especial belleza: una mantilla° de un encaje exquisito.

adorno femenino para la cabeza

5

—Cuídala como si fueran tus ojos—le dijo su madre abrazán-
dola—. Si así lo haces, tendrás abundantes años de ventura° y   felicidad
10 prosperidad, como yo los he tenido.

Manuela prometió cuidar de la mantilla, besó entre lágrimas
a su madre y se despidió de ella, tal vez para siempre. Ella y su
marido abandonaron España al día siguiente.

Una vez en América, la joven pareja se estableció en el
15 pueblecito de Itaguá. El matrimonio habitaba una casona en el
centro del pueblo. Al poco de su llegada, empezó a vivir con ellos
una muchacha guaraní, Ibotí. Ibotí ayudaría a Manuela con las
tareas de la casa. Pronto nació entre ambas mujeres una amistad
sincera y un cariño profundo. Todavía el corazón bañado de nos-
20 talgia, Manuela hizo de la muchacha su confidente. Se sentaban
las dos en el patio al atardecer, a la sombra de algún árbol, y
Manuela abría su alma a los recuerdos. Le hablaba a Ibotí de su
patria y de su madre. ¡Qué gran consuelo era para ella poder
desahogar de esa manera el corazón!

25 En cierta ocasión, el marido de Manuela tuvo que ausentarse
del hogar, con motivo de una expedición militar. La casa ahora
parecía más grande y vacía. No sabiendo en qué ocupar su
tiempo, un día la joven esposa decidió revisar todos los baúles°   valijas
traídos de España. Ibotí participaba en esta labor. Muchas cosas
30 hermosas salieron a la luz: tejidos, vestidos, manteles°, cubiertos°, *tablecloths /
candelabros, joyas. Entre tanto objeto bello, el recuerdo más   silverware*
entrañable° seguía siendo la mantilla. Manuela no pudo evitar   íntimo, querido
lágrimas al verla, acordándose de su madre.

Sin embargo, el tiempo no había pasado en balde° desde su   *in vain*
35 salida de España: la mantilla estaba amarilla y un poco gastada.
Manuela pensó en devolverle su blancura y antiguo esplendor.
Pidió a Ibotí que la lavara con agua y jabón, recomendándole
que fuera muy cuidadosa. La muchacha la fregó° con toda deli-   lavó
cadeza y cariño; no obstante, al sacarla del agua, vio desconso-
40 lada que la mantilla estaba completamente deshilachada.
Cuando Manuela supo lo ocurrido, sintió que una parte de su
memoria se había perdido, y lloró con angustia.

Un extraño presentimiento anidó° entonces en el pecho de   habitó
la mujer. Además, los días pasaban y no se tenían noticias del es-
45 poso. Una mañana, Manuela despertó con los ojos aterrados. En
sueños, había revivido las palabras de despedida de su madre.
Ahora estaba convencida de que su marido corría peligro. La tristeza más absoluta empezó a residir en la casona. El silencio se
alojaba° en cada habitación. Y seguía sin tener noticias del ofi-   vivía
50 cial español. Ibotí trataba de animar a su señora. Era imposible.

whirled

whirlpools / olas /
río pequeño /
líneas

Una noche, Ibotí soñó con el encaje de la mantilla. ¡Lo veía clarísimamente! Los dibujos se arremolinaban° en el agua. Después, los remolinos° se tranquilizaron y grabaron en las ondas° de un riachuelo° los trazos° exactos del encaje. La joven despertó agitada. "¡Tejeré una mantilla igual que la de la señora!", se dijo esperanzada. 55

desilusionaba

A partir de aquel momento, no hubo noche en que Ibotí no trabajara tejiendo una mantilla. Empezaba su trabajo cada anochecer con ilusión; pero cada amanecer la desengañaba°. Nada de lo que hacía era como lo que había soñado. Nada de 60 lo que hacía era como la mantilla deshecha de su señora. Y Manuela estaba más y más triste, más y más enferma.

Una noche de hermosa luna y cálido aire, Ibotí salió al patio a calmar su pena. Ya no sabía qué hacer. De pronto, un rayo de luna doró la tela que una arañita tejía. El corazón de la buena 65 Ibotí palpitó violentamente. ¡Las líneas que aquella araña dibujaba eran como las de la mantilla de Manuela! Durante las siguientes semanas, todas las tardes Ibotí salía al patio y observaba la tela de la araña. Tan pronto como oscurecía, corría a su habitación y se ponía a tejer la mantilla. Tejía y tejía, y no conocía 70 el cansancio. Por fin, una madrugada, poco antes del alba°, el trabajo estuvo acabado.

amanecer

Aquella mañana, cuando despertó Manuela, vio ante sus ojos una mantilla prácticamente idéntica a la que se había perdido. Creía estar soñando. 75

El encaje «ñandutí» se parece a un copo de nieve.

—¡Ibotí!, ¿qué es esto?—preguntó asombrada—. ¿De dónde ha salido esta mantilla?

—Es "ñandutí", tela de araña. La he tejido yo misma—contestó Ibotí modesta y risueña°.

alegre

80   Manuela recuperó gran parte de su alegría. Se sentía casi feliz. Y aquella misma tarde su dicha fue completa, pues tuvo noticias de su querido esposo: estaba bien y pronto vendría a casa.

     Ibotí, por su parte, encontró su camino. Siguió tejiendo y fabricó otras muchas mantillas maravillosas. También enseñó a
85 hacerlas a las jóvenes guaraníes del lugar. Desde entonces, el pueblo de Itaguá es conocido por sus bellos tejidos de ñandutí, o "tela de araña".

Comprensión

9-6 ¿Cómo ocurrió? Vuelve a contar la historia incluyendo la siguiente información.

1. la razón por la cual la joven pareja española fue a Paraguay
2. la descripción del regalo de la madre a su hija
3. las emociones de las dos—madre e hija
4. el nuevo hogar
5. el trabajo del esposo
6. una descripción de la indígena que trabajaba en la casa
7. la tragedia de la mantilla
8. la reacción de la señora
9. lo que hizo la indígena para reemplazarla
10. los resultados de sus esfuerzos

9-7 Su carácter y su reacción. Antes de leer la leyenda te pedimos que te fijaras en el carácter de los personajes, su relación y su reacción a lo ocurrido. Ahora escribe frases describiendo a las dos mujeres y explica si tu reacción habría sido igual a la de ellas.

Aplicación

9-8 Fue sin querer... Escribe una entrada en el diario de Manuela en que expliques lo que pasó y cómo la afectó.

MODELO: *Anoche Ibotí y yo revisábamos todos los hermosos objetos que había traído de mi casa...*

9-9 Escucha la leyenda. Escucha la grabación de "El ñandutí", fijándote en la pronunciación, la entonación y la dramatización de la persona que la narra. Escoge una sección de dos o tres párrafos que te guste y practica leyéndola en voz alta, imitando el tono y las emociones de la narradora: la emoción, la nostalgia, la preocupación… Después presenta tu pieza a la clase.

9-10 Depende de tu punto de vista. Adopten los siguientes papeles del relato, inventando el diálogo para contar los eventos.

1. la indígena le cuenta a una amiga lo que ocurrió con la mantilla
2. la señora le cuenta a una amiga la misma historia

9-11 Las artesanías indígenas. ¿Por qué creen que es importante esta leyenda en la historia de la artesanía paraguaya? ¿Qué efecto psicológico tiene en la mente del indígena?

Análisis, síntesis, evaluación

9-12 La araña. Refiérete a tu descripción de la araña del ejercicio **9-2.** ¿Por qué crees que es importante la araña en este cuento? ¿Qué relación puede tener con la forma de ser de la indígena? ¿Tendrá alguna relación con el carácter de los guaraníes, los cuales vivían en armonía con la naturaleza pero eran guerreros feroces (de hecho, la palabra "guaraní" quiere decir "guerrero")? ¿Por qué sí o por qué no? Para conseguir más información sobre los guaraníes, consulta la página web de *Leyendas del mundo hispano.*

9-13 La herencia de la conquista. Muchas leyendas sirven para dejarnos una idea de la herencia, sea buena o mala, de la conquista española y del trauma de los sucesos relacionados con ella. Discutan el papel de esta leyenda en la historia de Paraguay. ¿Pueden citar otras leyendas más negativas?

9-14 Foro: Las reducciones jesuíticas. En 1604, el Papa Clemente VIII le dio permiso a la Compañía de Jesús (los Jesuitas) para ir a las Américas y evangelizar a los indígenas. Allí establecieron "reducciones" (misiones) para cumplir este propósito. Visita la página web de *Leyendas del mundo hispano* para ver más información sobre las reducciones. También puedes ver *La misión*, una excelente película del director Roland Joffé y con Jeremy Irons y Robert de Niro. Esta ofrece un retrato muy interesante de las reducciones jesuitas. Escribe una entrada en tu foro, describiendo lo que hicieron para cumplir su misión, y cuándo y por qué abandonaron su labor.

9-15 El idioma y la cultura. Paraguay tiene dos idiomas oficiales: el español y el guaraní. ¿Cuáles son las ventajas y desventajas sociales, políticas y económicas de una sociedad bilingüe? Formen equipos de dos o tres personas para debatir sobre alguno de los siguientes temas.

- Debe haber un solo idioma oficial para que una sociedad tenga cohesión.
- El idioma es una parte inextricable de la cultura de un pueblo. Hay que protegerlo a toda costa.

Frases comunicativas:

- (No) Es cierto que…
- Mi argumento es que…
- Todo el mundo debe…

MODELO: *Es cierto que el idioma es una parte inextricable de la cultura de un pueblo y que negárselo a este es la manera más segura de destruir aquella. El idioma es el medio por el que se revela la cultura. Veamos el ejemplo de…*

CAPÍTULO 10

EL CALEUCHE Y LA PINCOYA: EL BARCO FANTASMA Y LA SIRENA (CHILE)

La nave fantasma *Caleuche* vaga por las aguas cercanas a Chiloé.

Contexto cultural

Los naufragios siempre han cautivado a la gente, a veces llegando a formar parte de la cultura de regiones, países o hasta de la cultura popular mundial. En el siglo XX, hubo varios naufragios que inspiraron obras literarias, películas y canciones; entre ellos, el hundimiento del *Titanic*, aquel enorme barco de pasajeros que se suponía que no podía hundirse,

99

y el naufragio del barco fletero *Edmund Fitzgerald*, cuya historia el cantante Gordon Lightfoot transformó en una balada duradera.

A lo mejor, los naufragios nos fascinan porque sirven como recordatorio de que el mar que nos da la vida, también es capaz de quitárnosla. Es esta visión del mar, oscura y casi mística, la que indudablemente ha originado la otra cara de los naufragios: las leyendas de barcos fantasma. A veces estas leyendas se basan en la realidad. Se sabe, por ejemplo, que el bergantín *Mary Celeste* fue encontrado flotando sin gente— ¡el capitán, su familia y la tripulación, todos habían desaparecido sin dejar rastro! Otro caso de un barco fantasma, el del *Holandés*

The Flying Dutchman

Errante°, es aún más siniestro: aunque la leyenda parece basarse en el hundimiento de un buque verdadero cerca del Cabo de Buena Esperanza, se dice que el capitán hizo un pacto con el diablo para poder navegar lo más rápido posible y, por eso, está condenado a navegar los océanos eternamente. Su velero siempre se percibe en la distancia como una sombra iluminada.

De acuerdo con estas historias fantásticas de barcos fantasma, en la isla de Chiloé, cerca de la costa norte de la Patagonia chilena, se cuenta la doble leyenda de "el *Caleuche* y la *Pincoya*". Como el *Holandés Errante*, el *Caleuche* es un barco fantasma que recorre eternamente las aguas cercanas a Chiloé. Sólo se ve de noche y tiene el extraño poder de navegar bajo las aguas tanto como en la superficie de las mismas. El buque es tripulado en parte por brujos dementes, quienes tienen que brincar y saltar con una sola pierna porque la otra está doblada contra la espalda, y en parte por las personas ahogadas en todos los naufragios. La aparición del barco va acompañada de música; siempre hay fiestas a bordo. Los que vean el *Caleuche* y escuchen su música pueden tener la suerte de ser llevados abordo, para visitar ciudades maravillosas en el fondo del mar y recibir fortunas secretas, o pueden terminar castigados horriblemente por los brujos—¡hasta con la muerte!

La *Pincoya* es una sirena rubia que habita las aguas alrededor de Chiloé. Trabaja junto con el *Caleuche*, porque ese buque está bajo el mando de su padre, un dios marino que se llama Millalobo. La *Pincoya* tiene dos deberes: el de recoger a los ahogados del mundo, llevándolos al *Caleuche*; y el de suministrarles o negarles una abundancia de pescado y mariscos a los chilotes. Tanto como la mítica Lorelei del Rin en Alemania, la *Pincoya* posee una hermosura seductora, pero en vez de una cola de pez, tiene dos piernas como un ser humano. A diferencia de su equivalente nórdica, sus encantos no arrastran a los hombres a la destrucción; de hecho, los chilotes la admiran por su hermosura, su feminidad y su compasión.

Preparación

10-1 Chile. A continuación viene un mapa antiguo de América del Sur. Obsérvalo, y traza o identifica lo siguiente. Si necesitas ayuda, encontrarás un mapa moderno de América del Sur en la página web de *Leyendas del mundo hispano*.

1. las fronteras actuales de Chile

2. sus vecinos

3. la isla de Chiloé

4. la capital

5. un posible producto agrícola, de acuerdo con su ubicación

6. su tamaño en comparación con el de sus vecinos

10-2 Más información sobre Chile. Chile es un país rico en recursos naturales, productos agrícolas y gente. Conéctate con el sitio web de *Leyendas del mundo hispano* para buscar más información sobre este importante país y escribe un párrafo en el que incluyas lo siguiente.

- su población y su gente
- su extensión geográfica
- su variedad climática
- su agricultura
- su minería
- su tipo de gobierno y su presidente

10–3 Los naufragios. La historia del mundo está llena de naufragios y desapariciones misteriosas. Empareja los siguientes naufragios con su fecha y el lugar donde ocurrieron. ¿Qué buques llevaban pasajeros? ¿Cuáles llevaban mineral de hierro u oro? ¿Qué naufragio fue importante en la Guerra Civil norteamericana? ¿Cuál es el naufragio más antiguo descubierto? ¿Cuál es para ti el más importante, y por qué?

Barco	Lugar	Fecha
el *Edmund Fizgerald*	por la costa de la Isla de Nantucket	1862
el *Titanic*	en el Mar Negro	1622
el *Andrea Doria*	en el Lago Superior	1975
el *Monitor*	en medio del Océano Atlántico	1956
el *Atocha*	por la costa de Carolina del Norte	entre el siglo V y el III a. C.
un navío mercante de la Grecia Antigua	por los cayos de Florida	1912

10–4 Expresiones clave. Lee las oraciones siguientes y adivina el significado de las expresiones en **negrita**. Primero, reemplaza la expresión con la forma correcta del sinónimo y sus modificantes, si es necesario; luego, escribe otra oración original usando la palabra que cambiaste.

MODELO: Las sirenas son personajes importantes en muchos relatos de **naufragios.**
           desastre marino; *Uno de los* ***naufragio****s más inesperados del siglo XX fue el del Titanic.*

contar	embrujado	lamentable	presumir
deslumbrado	fantasma	lúgubre	rondar

1. El viejo tabernero **se ufana** de servir las mejores ostras de las costas de Chiloé.
2. Aquí nos cuenta un suceso **luctuoso.**
3. Según la leyenda, el *Caleuche* es un buque fantasma que **vaga** por las extensas costas de Chile.
4. Además, hay **duendes** y sirenas que habitan los mares australes.
5. Al escuchar el relato se adueña de la taberna un silencio **sepulcral.**
6. Cuenta que los marineros que ven a la Pincoya parecen **alucinados.**
7. El pobre náufrago es **hechizado** por la Pincoya, quien lo lleva a bordo del *Caleuche.*
8. Los que vuelven a la vida no pueden **divulgar** lo que les ha pasado.

10–5 Al leer. Mientras lees la leyenda de "El *Caleuche* y la Pincoya", compara las características de esta leyenda con las de otra que conozcas. ¿Qué tienen en común y en qué se diferencian?

El *Caleuche* y la Pincoya: El barco fantasma y la sirena

En las costas de Chiloé, en la vieja ciudad de Castro, la *Taberna del Alemán* sirve de punto de reunión a marinos y pescadores del puerto y de las islas de los alrededores, tanto nativos como extranjeros. El tema favorito de conversación de aquellos parroquianos°   **clientes**

5   no es la pesca o el comercio de madera; sino las historias de sirenas y, sobre todo, de aquel barco fantasma que vaga por sus costas, el *Caleuche*. El dueño de la taberna, un inmigrante de origen alemán que se ufana de servir las mejores ostras de los mares australes, recogidas y preparadas por él mismo, tenía su propia teoría al

10   respecto:

    —Lo digo siempre: un país como este, de nieblas y bruma,   **espesas / tipo de**
tupidas° selvas y enredaderas, cisnes de cuello negro° y   **cisne que**
cormoranes imperiales, es la patria perfecta de duendes, brujos y   **habita las islas**
sirenas.   **chilotas**

15   El ambiente en la taberna es siempre variopinto° y entretenido;   **diverso**
no obstante, yo guardo especialmente en la memoria un
anochecer de verano austral: la atmósfera aquella noche era especialmente intensa, como en las grandes ocasiones. José Alberto
y Juan Carlos estaban contando a la audiencia un suceso

20   luctuoso, que había conmovido a todos los lugareños un mes antes:
la desaparición de su hermano mayor, Miguel Ángel Conuecar.
Pescadores humildes de la isla de Buta-Chauques, que vivían entre   **casas que se**
palafitos° en un villorrio° ribereño, intentaban explicar otra vez la   **construyen**
muerte de su hermano. Aquel día trágico habían salido muy tem-   **sobre pilares en**

25   prano en su bote; intentaban aprovechar la marea alta para fran-   **el agua /**
quear° las lengüetas° de arena que conectan los cerros, los cuales,   **pueblo pobre y**
precisamente al subir la marea, se convierten en islas.   **humilde / pasar**
     / láminas

    —Remando con ánimo, entramos en el Canal de Chacao[1]—
contaban José Alberto y Juan Carlos, mezclando al hablar el es-

30   pañol con palabras de su lengua materna, el chauqué[2]—. Nuestro
hermano vivía, desde hacía semanas, hechizado; se había obse-
sionado con el canto de la Pincoya, desde que lo escuchó por vez
primera—pronunciado ese nombre, un silencio sepulcral se adueñó
de la taberna.

35   El tabernero° murmuró en voz casi inaudible: **dueño de la**
     taberna

---

[1] El Estrecho de Chacao separa la Isla de Chiloé del continente; es además un corredor biológico para cientos de especies marinas.
[2] Idioma, también conocido como mapudungún, del Archipiélago de Chiloé y que pertenece al grupo de las lenguas Mapuches.

—Malo, malo. En mi país, Lorelei, la ninfa del Rin, también atrae a los hombres a su perdición con su engañosa melodía.

Los hermanos de Miguel Ángel continuabon, alternándose, con su narración.   40

isla pequeña

con insistencia

—Nos pidió que lo acercáramos a ese pequeño islote° rocoso, perpendicular a la iglesia de las tres torres; quería verla y oírla mejor. Le rogamos encarecidamente° que no arriesgara su vida: ¡todas nuestras súplicas fueron en vano! Al despedirnos de él, vimos cómo miraba y señalaba, alucinado, a la lejanía. Allá, al rasgarse la bruma, de la espuma marina surgió desnuda esa sirena de larga cabellera rubia, bella como una noche de estrellas y tan sensual como su voz susurrante.   45

Todos en la audiencia, o habían visto a la Pincoya ellos mismos, o sabían de alguien que la había visto. Desde pequeños, al calor de la chimenea, los abuelos recordaban una y otra vez sus rituales: si bailaba mirando al mar, pesca y marisco abundante; si danzaba de espaldas a él, poco producto sacarían los isleños° de sus aguas.   50

habitantes de las islas

siguiéndola

—Nuestro hermano—continuaron José Alberto y Juan Carlos—, lanzando voces incomprensibles, se lanzó al agua en pos de° esa quimera; desapareció entre las olas. ¡Ha muerto ahogado!—sus palabras eran ya llanto desconsolado.   55

marinero, lit. *sea lion*

En ese momento, un viejo lobo de mar°, con gorra de capitán y barba pelirroja, se levantó de su banqueta y se sacó la pipa de la boca: su voz atronó las paredes e hizo bailar vasos y botellas de ginebra en los estantes. Aquel marino era uno de los muchos misterios de las islas; apareció un buen día en la *Taberna del Alemán* sin saberse muy bien cómo ni de dónde. De sí mismo sólo decía que su patria era Holanda; y quizá por esto y por sus ojos enigmáticos, circulaba por las costas chilotas el rumor de que había sido marinero del *Holandés Errante*. Todos los lugareños lo acabaron llamando así: el "*Holandés Errante*".   60 65

gritó

contar

—¡No! ¡Mil veces no!—bramó° aquel viejo—. Su hermano de ustedes no está muerto. Vive en otra vida—aunque todos conocían más o menos la historia que iba a referir°, los parroquianos guardaron un respetuoso silencio y con gusto volvieron a escucharla, una vez más.   70

Con aire de experto narrador de historias marinas, volvió el *Holandés Errante* a hablar de la Pincoya, y sobre todo del *Caleuche*, el buque fantasma de los canales chilotes. Su voz magnética les hacía ver lo que contaba: que la Pincoya llevaba los náufragos muertos al *Caleuche*; que a bordo de este navío, que sólo navega de noche, vuelven a la vida, pero a una nueva vida de eterna felicidad. Junto a ellos, y bajo el mando del Capitán Milla-   75 80

lobo, conforman su tripulación poderosos brujos, que llegan monta-
dos a lomos del Caballo Marino. Cuando el *Caleuche* necesita
reparar su casco, escoge barrancos y acantilados en noches de
85   luna, lejos de miradas indiscretas. Además de ayudar, durante su   **con problemas**
recorrido, a otras naves que se encuentran en apuros°, guiándolas
a puerto seguro; también se dedica a recorrer las profundidades
abisales°. En las penumbras oceánicas, el arco iris marino ilumina   **del fondo marino**
ciudades maravillosas, descubriendo a sus pies inmensos tesoros. Los
90   náufragos obtienen permiso para una vez al año visitar a familiares
y amigos; pero no pueden divulgar lo que han visto. Si no lo hicieran
así, los tripulantes del *Caleuche* los encontrarían, aunque se ocul-
taran en la misma Tierra de Fuego, y los matarían.

     —Viejo, ¿tú cómo lo sabes?—le interrumpió impertinentemente
95   uno de los oyentes más jóvenes—. Aquellos osados que se han atre-
vido a dirigirle la mirada de frente, han visto torcida su boca o espalda; o peor aún, han sido muertos. ¡Tú, aunque feo y viejo, no
estás muerto ni tienes la boca al revés!—rió burlonamente, aunque
pocos entre la audiencia le siguieron la broma. Si había un marino a
100   quien daban crédito era a él; por algo había recorrido los siete
mares a bordo del barco fantasma más famoso, ¡el del *Holandés
Errante*!

     —Sí lo vi—consumado cuentista, continuó imperturbable° el   **sin inmutarse**
Holandés Errante—; pero me aseguré de que no me vieran a mí. Era
105   una noche de primavera, estrellada y clara. De pronto, floreció en
medio del océano una niebla espesa; ¿qué era "aquello"? El viento
empezó a traer lejanas notas de música que se oían cada vez más
claramente; un gran bullicio interrumpió el ruido del oleaje. ¿De
dónde salía aquella alegre y ruidosa fiesta? La niebla se empezó a
110   iluminar con miles de lucecitas, como un inmenso candelabro lleno
de estrellas. ¡Allí estaba!: en un instante se materializó un enorme
velero que celebraba una hermosa fiesta en cubierta. Os lo ase-
guro, muchachos, ¡aquellos "muertos" estaban muy "vivos"! Intenté
perseguirlo, pero se ocultó, a una velocidad de vértigo, en el vaho°   **neblina**
115   que parecía brotar de él mismo. Cuando se despejó la niebla,
aquel buque se había convertido en sólo un tronco de árbol
flotando sobre las aguas; y sus tripulantes, en lobos marinos[3] y en
grandes albatros de ceja negra.

     Los acentos de su voz todavía vibraban en la estancia, cuando
todos los parroquianos, enardecidos° como por un conjuro mágico,   **exaltados**
120   empezaron a hablar, gritar, a la vez:

     —El hermano de un amigo mío naufragó, estuvo en aquel
buque y visitó a su familia las últimas Navidades. Trajo regalos de
enorme riqueza.

---

[3] el lobo marino sudamericano, *otaria flavescens*, también llamado lobo marino chusco, lobo
marino de un pelo, león marino del sur o león marino sudamericano.

—¡Imposible!; todos los tripulantes son desmemoriados y no pueden recordar ni tan siquiera a sus seres más queridos.   125

—¡Qué sabrás tú!—dijo otro—; lo que pasa es que tienen que guardar el secreto de las grandes fortunas ocultas en la mar.

mercancías

—Pues un tío mío dice que se dedican al contrabando; y que los comerciantes más ricos de la zona, a los que inundan de mercaderías°, son aquellos con los que han celebrado convenios   130 secretos.

—¡Tienen una sola pierna!—chillaba el más joven de la audiencia—; y en las celebraciones a bordo, bailan saltando sobre cubierta, creando un estruendo superior al más potente de los truenos. ¡Brun, brun, brun!—alborotaba más que ningún otro, gol-   135 peando con sus manos en la mesa.

gritería

La taberna era una algarabía° de voces que pretendían completar la leyenda. Nadie se entendía, nadie se escuchaba. Hasta que uno de los allí presentes empezó a cantar una vieja canción marinera; los gritos cesaron y todos a una entonaron aquel estribillo: 140 "A la orilla del mar, había un marinero, que con su guitarra…". Una cultura marina como esta, cuya única comunicación con el continente es posible sólo tras horas de navegación peligrosa y difícil, conocía el valor de aquellos momentos transcurridos entre camaradas. Invitados por el *Alemán* a unos tragos de ginebra, el coro de   145 sus gargantas se escuchaba más allá de la taberna. Sus voces eran tan variadas e infinitas como aquellas islas surcadas de canales; sus acentos, tan extraños y caprichosos como ese litoral de fiordos, ensenadas y penínsulas. Voces e islas misteriosamente bellas.

raro

Todo el mundo en el Archipiélago recordó por mucho tiempo   150 aquella noche. Un año más tarde, ocurrió un suceso verdaderamente asombroso y peregrino°. Estando casi la misma gente que el verano anterior en la *Taberna del Alemán*, flotando en el ambiente el mismo aliento mágico, se abrió de repente la puerta del local, sin ruido, delicadamente. Entró Miguel Ángel Conuecar, el desapare-   155 cido. A todos saludó y sonrió a sus hermanos; suavemente, como lo haría un espíritu. Sin dar tiempo a que le hicieran preguntas, salió sin decir nada y se desvaneció otra vez. Todos recordarían sus ojos de felicidad; parecía muy contento ¿Volverá el año que viene? Quizá.

No obstante, tengan por seguro una cosa, queridos oyentes: el   160 *Caleuche*, en su eterna travesía con el Capitán Millalobo al frente, sigue custodiando los mares del mundo y los intricados canales chilotes, castigando a quienes ponen en peligro su salud o la de los seres que los habitan. ¡Y quién sabe!: quizá sea gracias al *Caleuche* y a su tripulación, que todos los años regresan a las aguas chilotas   165

---

[4] uno de los delfines más pequeños del mundo y el único cetáceo endémico de Chile.

Por siglos, las sirenas han seducido a marineros y han causado naufragios.
Dagli Orti\Picture Desk, Inc./Kobal Collection.

[handwritten: bringing whales for hunting (amusement)]

la ballena azul y la jorobada, en busca de su *krill*; y tal vez gracias a ellos, el delfín chileno[4] sigue salpicando las olas en las costas de Chiloé.

Comprensión

10-6. ¿El *Caleuche*, la Pincoya o el viejo marinero? Identifica qué o a quién se refieren las siguientes descripciones según la leyenda.

1. _____ No tiene cola, sino piernas.
2. _____ Ronda las costas de Chile.
3. _____ Siempre hay fiesta.
4. _____ Se decía que era miembro de la tripulación del *Holandés Errante*.
5. _____ Lleva los náufragos muertos a bordo de la nave.
6. _____ Una noche estrellada observó el velero de fiesta.
7. _____ Lo navega el capitán Millalobos.
8. _____ Se cree que hizo desaparecer a Miguel Ángel Conuecar.

10-7 Un caso misterioso. Usa las preguntas a continuación para volver a contar los sucesos de la leyenda.

1. ¿Cómo es y por dónde navega el *Caleuche*?
2. ¿Quiénes son sus tripulantes y su capitán?
3. ¿Qué les pasa a los náufragos muertos cuando llegan a bordo del *Caleuche*?
4. ¿Los náufragos desaparecen para siempre?
5. ¿Por qué se considera al *Caleuche* una nave benévola?
6. Si vieras a la Pincoya, ¿la seguirías a bordo del *Caleuche*? Explica tus razones.

Aplicación

10-8 Otra leyenda. Antes de leer la leyenda te pedimos que la compararas con otra que hayas leído en este volumen. Ahora explica en qué se parecen y en qué se diferencian.

MODELO: *Para mí, "El* Caleuche *y la Pincoya" tiene algo en común con…*

10-9 Escucha la leyenda. Escucha la grabación de "El *Caleuche* y la Pincoya", fijándote en la pronunciación, la entonación y la dramatización de la persona que la narra. Escoge una sección de dos o tres párrafos que te guste y practica leyéndola en voz alta, imitando el tono y las emociones de la narradora: la emoción, el peligro, el misterio… Después presenta tu pieza a la clase.

10-10 Una entrevista con Miguel Ángel Conuecar. Preparen preguntas para entrevistar a Miguel Ángel Conuecar y túrnense para hacérselas y contestarlas.

MODELO: *¿Qué hacías el día que te encontraste con la Pincoya?*
Estaba navegando por los canales chilotes cuando de repente la vi saliendo de la bruma y…

Análisis, síntesis, evaluación

10-11 Nuestra Señora de Atocha. Este galeón español se hundió en 1622 en el Mar Caribe, en ruta desde Cartagena de Indias a España. De los 265 pasajeros y miembros de la tripulación, no sobrevivieron más que cinco. Haz una investigación sobre la misión y las circunstancias del naufragio. Explica por qué llevó más de 360 años descubrir los restos y rescatarlos. ¿Qué se encontró entre los restos? ¿Cómo se habría podido evitar el desastre?

10-12 Los chilotes y los encomenderos. El explorador Martín Ruiz de Gamboa tomó posesión de la isla de Chiloé, en nombre del Rey de España, en 1567. Después, los colonos españoles instalaron el sistema de la "encomienda", en el que los isleños tenían que trabajar las

tierras sin recibir pago a cambio. Este sistema estuvo vigente hasta 1789. Investiga el sistema de la "encomienda" española y compáralo con la manera en que los colonos ingleses trataron a los indígenas norteamericanos. ¿Qué tienen en común y en qué se diferencian?

10-13 Foro: Campañas para la protección de la vida marina. Hoy en día somos más conscientes de la importancia de la vida marina en la ecología global. Conéctate con la página web de *Leyendas del mundo hispano* para ver algunas de las campañas actuales en el mundo hispano. Escribe una entrada en tu foro, resumiendo su misión y actividades, y tu opinión sobre sus esfuerzos.

10-14 Sucesos fantásticos. ¿Crees en los sucesos paranormales y las apariciones fantásticas? ¿Conoces a alguien que haya tenido una experiencia paranormal? Formen equipos de dos o tres personas para debatir sobre alguno de los siguientes temas.

- Hay una explicación razonable para toda desaparición náutica.
- Hay evidencia de que existen seres extraterrestres que son responsables de la desaparición de personas.

Frases comunicativas:

- Es ridículo pensar que…
- Hay evidencia clara de que …
- Es totalmente posible que…

MODELO: *Es totalmente posible que existan seres extraterrestres que secuestren a personas. Este fenómeno explica…*

CAPÍTULO 11

EL AÑO QUE LLOVIERON TORTILLAS (NUEVO MÉXICO: SEFARDÍ)

Antes de su expulsión en 1492, los judíos jugaron un papel importante en España. La Sinagoga del Tránsito en Toledo fue construida en el siglo XIV.

Contexto cultural

Aunque no se sabe exactamente cuándo los primeros judíos llegaron a lo que hoy es España, se cree que ya durante el reinado de Salomón (el siglo X a. C.) había una presencia judía en la península. Con el paso del tiempo, la palabra hebrea "Sefarad" llegó a significar España y los judíos de Iberia empezaron a llamarse "sefarditas". La población sefardita creció bastante después de que los romanos expulsaran a los judíos de Israel y de Judea en el año 70 a. C.

En el 711, los árabes musulmanes empezaron su conquista de la Península Ibérica y todo cambió para los judíos. Los musulmanes que

establecieron primero el Emirato y después el Califato—un tipo de reino donde el príncipe, o califa, ejercía poder civil y religioso—en Córdoba, eran más o menos tolerantes hacia los cristianos y judíos. Según su interpretación del Islam, los cristianos y judíos podían continuar practicando su religión con tal de que pagaran un impuesto° especial. Durante la época del Califato, los judíos llegaron a ejercer oficios muy importantes en el gobierno; y eran comerciantes, artesanos, doctores y sabios° influyentes.

En el siglo XI, unos musulmanes fanatizados, los Almorávides, se apoderaron° de la España musulmana; poco después, también desde el Norte de África y practicando asimismo un islamismo radical, llegaron los Almohades. Por esta razón, el judío más famoso de la época, el filósofo Maimónides, se marchó a Egipto; la tolerancia religiosa se acabó y muchísimos cristianos y judíos huyeron a los territorios cristianos. Aquí, en la España cristiana, hubo otro período de convivencia; de hecho, el rey Alfonso VII se proclamó "El Emperador de las tres religiones". Una vez más, los judíos llegaron a tener un papel muy importante en la sociedad; tan importante que algunos se casaron con miembros de la aristocracia española.

Desgraciadamente, el fanatismo cristiano empezó a crecer tanto como antes lo había hecho el musulmán. Hubo matanzas y conversiones forzosas. La Inquisición[1] española recrudeció su persecución, buscando sin piedad a los "marranos" o conversos que practicaban el judaísmo en secreto. Irónicamente, el cardenal Torquemada, el que encabezaba la Inquisición, tenía antepasados judíos. También los tenía el Rey Fernando, el cual, junto a su esposa, la reina Isabel, había expulsado a los judíos en 1492.

Muchos de los sefarditas que se marcharon exiliados a otras partes de Europa, al Norte de África o al Oriente Próximo, lograron conservar sus costumbres, su religión y su lengua, un dialecto del español y hebreo que se llama ladino, una lengua hablada hasta hace poco, sobre todo en Israel. Se dice que algunas familias todavía guardan las llaves de las casas que sus antepasados tuvieron que abandonar en España. Para los judíos que decidieron quedarse en España, la experiencia fue muy diferente. Tuvieron que convertirse al catolicismo, corriendo el peligro de ser investigados por la Inquisición. Muchos emigraron a las nuevas colonias españolas para poder practicar su religión en secreto. Sin embargo, con el paso del tiempo, en algunas familias, sólo las mujeres sabían que eran judíos; los hombres pensaban que eran católicos. A continuación, tienes un cuento tradicional (*folktale*) de una de estas comunidades cripto-judías° del estado de Nuevo México.

Glosas marginales:
- contribución
- eruditos
- tomaron el control
- comunidades cristianas que conservan ocultas tradiciones judías

[1] Llamada la "Santa Inquisición", se instituyó con aprobación del Papa en 1478, a propuesta del rey Fernando V y la reina Isabel I. La Inquisición se ocupaba del problema de los judíos que, por coerción o presión social, se habían convertido al cristianismo. Desde 1502, centró también su atención en los musulmanes convertidos de la misma manera; y a partir de la década de 1520, en los sospechosos de apoyar las tesis del protestantismo.

Preparación

11-1 Los judíos en la historia. Ordena cronológicamente de 1 a 9 los siguientes acontecimientos y épocas que han sido importantes en la historia de los sefarditas.

_____ La Península Ibérica se llamaba "Sefarad".

_____ Los abusos de la Inquisición provocaron que muchos judíos se hicieran "falsos conversos".

_____ Los judíos fueron expulsados de Israel y Judea.

_____ Fue el reinado de Salomón.

_____ El rey cristiano Alfonso VII promovió la tolerancia entre todas las religiones.

_____ Muchos judíos emigraron al Nuevo Mundo donde practicaban su religión en secreto.

_____ Tanto judíos como cristianos huyeron de los musulmanes fanáticos.

_____ La cultura judía florecía bajo la tolerancia musulmana.

_____ Fernando e Isabel, los Reyes Católicos, expulsaron de España a los judíos y a los moros.

11-2 El tratado de Guadalupe Hidalgo. Con el tratado de Guadalupe Hidalgo, el 2 de febrero de 1848, México perdió su dominio sobre un gran territorio que ahora es parte de Estados Unidos. Bajo este convenio, México cedió el territorio que hoy día ocupan en su mayor parte los estados de California, Nuevo México, Nevada, Utah, Colorado y Arizona; y aceptó el Río Bravo como la frontera entre los dos países. En el siguiente mapa, identifica los estados, sus capitales y el Río Bravo. ¿Cómo ha influido la historia de la región en su cultura actual?

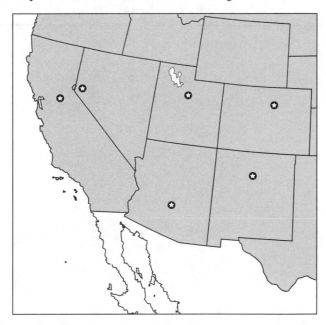

👥👥 11-3 Los cripto-judíos. Los judíos sefarditas que emigraron a las Américas, muchas veces practicaban una religión que era un híbrido entre el cristianismo y el judaísmo. Por ejemplo, celebraban la misa los viernes por la noche. Conversen entre ustedes para identificar otras costumbres religiosas de los judíos que podrían adaptarse al cristianismo.

11-4 Expresiones clave. Lee las oraciones siguientes y adivina el significado de las expresiones en **negrita**. Primero, reemplaza la expresión con la forma correcta del sinónimo y sus modificantes, si es necesario; luego, escribe otra oración original usando la palabra que cambiaste.

MODELO: Los últimos rayos de sol del atardecer **se colaban** por entre las ramas de los árboles.
*se filtraban; La luz del amanecer **se colaba** por la ventana de mi habitación.*

abrir	cofre	sombra
chocar	frescura	madera

1. El hombre se ganaba la vida vendiendo **leña** que cortaba en el monte.
2. Cuando hacía mucho calor, echaba una siesta en la **penumbra** de los árboles del bosque.
3. No sabía qué contenía la pequeña **caja** porque no la quiso abrir.
4. Su señora, al **destapar** la caja, se quedó muy sorprendida.
5. En verano, la pareja siempre cenaba al **frescor** del patio donde sentían la brisa del atardecer.
6. El viejo y su burro **tropezaron** con las piedras en el sendero.

11-5 ¿Quién es quién? Mientras lees la leyenda, identifica los personajes con las siguientes características (puede haber más de uno para cada una de ellas).

- deshonesto/a

- burlador/a

- ingenuo/a

- astuto/a

La manera de hacer tortillas data de las antiguas civilizaciones indígenas.

El año que llovieron tortillas

En Cimarrón, un pueblo perdido entre las colinas y montañas del noreste de Nuevo México, de esto hace ya algún tiempo, vivía modestamente un anciano matrimonio sin hijos. Su pertenencia más valiosa era un flaco burro, con el que iba Juan, el marido, todos los días a los montes cercanos a por leña. El dinero que sacaban de venderla en la plaza del pueblo apenas les daba para sobrevivir.

Un día particularmente caluroso de verano, después de haber cargado de leña las alforjas° del burro y de haber almorzado, Juan aprovechó la penumbra fresca del bosque para echarse una siestecita°. Los últimos rayos de sol del atardecer se colaban por entre las ramas de los árboles y las cigarras° empezaban a cantar, cuando los ágiles pasos de un ciervo° despertaron al anciano de un profundo sueño. Abrió los ojos, estiró los brazos y, entonces, sintió que su mano izquierda golpeaba un objeto duro y suave. ¿Qué era aquello? Sorprendido, vio que escondida entre la maleza° se hallaba una pequeña caja de madera. La recogió, la limpió de polvo y hojas, y decidió llevársela consigo°.

5

10

15

bolsas

siesta, *dim.*
tipo de insecto
deer

undergrowth, scrub

con él

giddyap
se diera prisa

—¡Arre°, burro, arre!—animaba el viejo al animal para que   20
apresurara el paso°, golpeándolo, al tiempo, suavemente con
una rama.

La oscuridad cada vez mayor del día hacía que animal y
dueño tropezaran con las piedras del cañón por el que bajaban
al pueblo. Por fin, llegaron a su humilde morada de adobe, cuya   25
pesada puerta de madera abrió Juan muy contento, entrando
en la casa precipitadamente con la caja en la mano.

—¡Mujer, mujer!, ¡mira lo que he encontrado!

armario

La anciana esposa observó la caja con atención y, sin decir
nada, la guardó en la alacena° de la cocina; esa noche no quiso   30
abrirla. Al día siguiente, después de regresar el marido al bosque
y ya sola en la casa, la mujer la destapó. ¡Cuál no sería su sor-

descubrir

presa al comprobar° su contenido! ¡Aquello era un pequeño
tesoro de monedas de oro y plata! Tendrían suficiente dinero
para vivir tranquilos, sin pasar penalidades.   35

trusting

La buena esposa, persona de muchos talentos que llevaba
el hogar con conocimiento y habilidad, no fiándose° de la
discreción del marido, inventó una estratagema para ocultarle su

descubrimiento
grasa animal
mill /comprar

hallazgo°. Sin perder tiempo, fue al mercado para comprar
grandes cantidades de sal y manteca°; después, se pasó por el   40
molino° para adquirir° varios sacos de harina. El resto del día lo
dedicó a cocinar tortillas.

Cuando llegó el marido, ella le tenía preparada una mesa
con mantel limpio y montones de tortilla. Como todos los
anocheceres de verano, cenaban en el patio para aprovechar   45
el frescor de la noche. Después de servirle la cena, le dijo muy

con determinación

resuelta° al marido:

sorprendido

—Ya nunca más irás a por leña—Juan miró pasmado° a su
mujer, pero no dijo nada—. Tengo que ir un momento a casa

encargo

de una vecina a hacer un recado° —añadió ella—; vuelvo   50
enseguida.

tile roof

Mientras Juan comía en silencio, la esposa subió al tejado°y
empezó a arrojar tortillas al patio. Cuando regresó a la mesa, el
anciano, todavía estupefacto, le dijo:

poco

—¿Sabes, mujer, que, no más hace un ratito°, estaban   55
lloviendo tortillas?

—Claro, marido mío, ¿ves cómo no necesitas salir nunca más
al monte a trabajar? Tenemos comida de sobra. Además, te voy
a mandar a la escuela para que aprendas a leer y escribir.

A la mañana siguiente, la esposa acompañó a su anciano   60
esposo a la escuela del pueblo. Le compró un libro y le pidió

encarecidamente° al maestro que le enseñara a leer y escribir.   **de todo corazón**
Día tras día, el maestro lo intentaba firmemente y Juan, para ser
fieles a la verdad, también; pero no conseguía meter nada en su
65   cabeza.

     Un día, Juan regresó de la escuela más temprano que de
costumbre. Enfurruñado°, le dijo a su mujer que no quería volver   **Enfadado**
más a clase. A pesar de la insistencia de ella, él se oponía:

     —¡No, no y no! ¡Que no voy más!—se negaba, su mal humor
70   en aumento, mientras movía la cabeza de derecha a izquierda—.
La escuela no sirve para nada—sentenció en voz alta.

     —Pero, marido mío, debes tener paciencia.

     —¡Que no! En todo este tiempo sólo he aprendido el ABC.
¡Cosa más inútil!—se desesperaba Juan—. Lo mío es la leña; es mi
75   negocio, ¡y a mí me gusta!—añadió con orgullo.

     —¡Está bien! ¡Haz lo que quieras!—cedió° la mujer con   **concedió**
pesar—. Pero nunca dejarás de ser un ignorante—le advirtió.

     Después de dormir esa noche como un tronco, Juan se
levantó muy temprano por la mañana. ¡Qué alegría!, ¡otra vez al
80   monte! Iba muy contento; cantaba, escuchaba el zumbido°   **sonido**
de las abejas° y le hablaba a su jumento° que trotaba alegre   **insecto que**
como él: **produce miel /**
                                                                       burro

     —¡Ay, burrito, amigo mío! ¡Qué dicha! Esto es vida: andar libre
por el campo y respirar este aire limpio.

85   Aquel día, Juan se internó° profundamente en las abruptas°   **metió / rugosas**
montañas de Sangre de Cristo, acompañado por el ruido de las
aguas turbulentas y prístinas de sus ríos. Trabajaba con ahínco°,   **vehemencia**
cuando vio dos anglos° que se le acercaban.   **"gringos"**

     —Buen hombre, estamos buscando una caja de madera
90   que perdimos por estos montes hace ya un tiempo—le dijeron al
anciano—. ¿No la habrá visto usted por casualidad?—le pregun-
taron seguidamente.

     —Pues sí, señores. Yo mismo la encontré y la llevé a mi casa—
respondió con mucha seguridad Juan.

95   Los dos hombres no podían creer en su suerte. Y menos aún
cuando Juan mismo se ofreció, con toda amabilidad, a acom-
pañarlos a su casa para que la recuperaran.

     —¡Mujer, mujer!—gritaba Juan, al divisar su vivienda desde la
distancia, agitando° el sombrero—. ¡Vengo con los hombres que   **moviendo**
100   perdieron la caja!—ahora hacía bocina° con sus manos para   **trompeta**
que se le oyera mejor.

Tan pronto como la esposa los escuchó acercarse, salió a la puerta, sorprendida de ver a su marido en compañía de dos desconocidos.

threshold

—¿Qué caja?—preguntó extrañada la mujer cuando estuvieron todos en el umbral° de su hogar.   105

no creía

—¿Cómo que qué caja?—Juan no daba crédito° a sus oídos.

—Su marido nos asegura que él mismo trajo a la casa una pequeña caja de madera—intervinieron los dos hombres al   110
mismo tiempo—. Venga, que no tenemos mucho tiempo, ¿dónde la tienen escondida?—la interrogaron con cierto tono de

ultimátum

amenaza° en sus voces y sin quitarse los sombreros.

Los ojos de la mujer miraban, asombrados, alternativamente a su marido y a los dos extraños. Después de una pausa que   115
pareció una eternidad, preguntó inocentemente:

—Pero marido mío, ¿de qué objeto maravilloso me estás hablando? ¿Cuándo trajiste "esa" caja?

—¿No recuerdas, mujer, la época en que me mandaste a la escuela?—los dos hombres escuchaban, sin comprender, a Juan   120
y lo miraban de arriba a abajo.

—¿A la escuela, esposo mío?, ¿a tu edad? ¿No crees que

mayor, *dim.*

eres un poco mayorcito° para que te envíen a la escuela? ¿Qué año fue "ese"?—le preguntó cariñosa a continuación.

en aumento

—¡Pues, cuál va a ser!—replicó Juan con creciente°   125
impaciencia e inseguridad—; el año que llovieron tortillas.

—¡¿Tortillas?!, ¡¿llover tortillas?!—exclamaron los dos hombres

sorprendidos

a una, cada vez más ofendidos y aturdidos°—. ¡Vámonos de aquí! ¡Ya está bien de perder el tiempo con un viejo simple, estúpido y tonto!   130

abatidos; descorazonados

El matrimonio vio alejarse a los dos anglos, enfadados, cabizbajos°, en la distancia. Ella observaba la escena con ojos risueños y luminosos; él…, creía estar en un sueño. Pero esto sí les podemos asegurar: la pareja de ancianos disfrutó de su tesoro por el resto de sus todavía abundantes y felices días.   135

Las construcciones de adobe con techo de teja se encuentran en muchas zonas de Latinoamérica.

Comprensión

👥 **11-6 ¿Quién es quién?** Antes de leer la léyenda les pedimos que identificaran los personajes según sus características. Ahora conversen entre ustedes y expliquen sus respuestas.

- deshonesto/a
- burlador/a
- ingenuo/a
- astuto/a

11-7 Completar las frases. Completa las frases con palabras y expresiones lógicas según lo que has leído.

1. Érase una vez, _____ que vivía en una parte remota de _____.
2. El señor salía todos los días con _____ para _____ que vendía _____.
3. Un día, encontró _____, y se la dio _____.
4. Su esposa la destapó y encontró _____.
5. Ella, más _____ que él, decidió _____.
6. Compró grandes cantidades de _____ y luego _____.

7. Subió al tejado de su casa y desde allí _____.

8. Su esposo exclamó: "¡_____!"

9. Ella lo llevó a _____ para que aprendiera a _____.

10. Pero él _____...

👥 11-8 La burla. Trabajen para terminar la historia desde el punto de vista de un/a observador/a desinteresado/a. Incluyan esta información:

- la razón por la que Juan no terminó sus estudios
- el día en que se encontró con los anglos
- la reacción de su esposa al saber que buscaban la caja
- la reacción de los anglos cuando habló el señor de las tortillas

Aplicación

🔘 11-9 Escucha la leyenda. Escucha la grabación de "El año que llovieron tortillas", fijándote en la pronunciación, la entonación y la dramatización de la persona que la narra. Escoge una sección de dos o tres párrafos que te guste y practica leyéndola en voz alta, imitando el tono y las emociones de la narradora: la emoción, la inocencia, la agudeza... Después presenta tu pieza a la clase.

👥 11-10 Pónganlo en escena. Formen grupos para interpretar las siguientes escenas de la historia.

- Juan le explica a su señora cómo encontró la caja.
- Juan le explica a sus amigos que llovieron tortillas.
- La señora habla con el maestro de Juan.
- Los anglos se disculpan ante su jefe por haber perdido la caja.

11-11 Las tortillas. En contraste con la tortilla española, que es de huevos y papas, la americana tiene base de maíz o de harina. Se come con carne, frijoles, chiles, queso; en fin, con lo que haya.

Se usa un metate de piedra volcánica para moler el maíz para la tortilla.

A continuación tienen una receta que pueden seguir para preparar tortillas de harina.

Ingredientes:

3 tazas de harina blanca	4–6 cucharadas de manteca vegetal (*Crisco*)
2 cucharaditas de levadura	más o menos 1 1/4 taza de agua caliente
1 cucharadita de sal	

Direcciones:

1. Mezcla la harina, levadura y sal en un recipiente grande. Añade la manteca (puede ser vegetal o de cerdo o una combinación de las dos). Usa un tenedor o las manos para incorporar la manteca.
2. Añade el agua caliente, poco a poco, hasta que se produzca una masa blanda, pero no pegajosa. Amásala por unos cuantos minutos.
3. Forma unas 12 bolitas y déjalas descansar por 10 minutos o más.
4. Calienta el comal o la sartén hasta que esté a nivel medio-alto.
5. Empieza en el centro de cada bolita a pasar el rodillo hasta formar tortillas bastante finas.
6. Cocina las tortillas en la sartén por unos segundos. Luego pásalas por el otro lado hasta que estén ligeramente tostadas.
7. Ponlas sobre una toalla y sírvelas en seguida.

Análisis, síntesis, evaluación

11-12 Tierras sureñas. Conéctate con la página web de *Leyendas del mundo hispano* para ver fotos de la región que antes estuvo bajo dominio mexicano. Explica por qué sería a la vez difícil y enriquecedor vivir en tal lugar. ¿Cuáles serían algunos de los desafíos que tendrían los habitantes del siglo XIX?

11-13 La cultura hispana en Estados Unidos. A continuación tienen algunas expresiones tomadas prestadas del español y ahora comunes en inglés. Emparéjalas con su significado original y luego túrnense para explicar cómo ha cambiado su uso.

1. _____ colorado   a. tierra seca

2. _____ nevada   b. una verdura

3. _____ arizona   c. algo que punza *(sting)*

4. _____ chile   d. un instrumento que corta

5. _____ florida   e. rojo

6. _____ picante   f. con nieve

7. _____ sierra   g. con flores

11-14 Foro: Leyendas de Sefarad. Visita la página web de *Leyendas del mundo hispano* para ver otra leyenda relacionada con los sefarditas. Escribe un resumen de la leyenda en tu foro y expresa tu opinión sobre la justicia o injusticia del suceso.

11-15 La necesidad de ocultar la identidad. El caso de los cripto-judíos es sólo un ejemplo de la necesidad de ciertos pueblos de ocultar su herencia étnica o religiosa para protegerse de la persecución: los musulmanes en Bosnia, los cristianos en China, los tutsi en Rwanda, los gitanos, entre otros. Formen equipos de dos o tres personas para debatir sobre alguno de los siguientes temas.

- Toda persona debe llevar una tarjeta de identidad nacional que incluya información sobre su nacionalidad, situación legal e identidad étnica.

- El gobierno debe asegurar que haya representación de todos los grupos étnicos y minoritarios en los lugares de trabajo y en las universidades.

Frases comunicativas:

- Siempre y cuando (+subjuntivo) …
- Pero la responsabilidad también …
- Otro punto de vista es …

MODELO: *Siempre y cuando haya desigualdad entre los grupos étnicos, el gobierno central tiene la obligación de hacer todo lo posible para proteger y promover el avance económico, social y político de los grupos subordinados…*

CAPÍTULO 12

LOS CADEJOS (EL SALVADOR)

Las erupciones volcánicas han tenido un gran impacto en la vida de los habitantes de las Américas en toda su historia.

Contexto cultural

A veces las leyendas tienden a lo oscuro y lo macabro. En Europa del Este, abundan los cuentos de vampiros y hombres lobo, los cuales transforman la noche en un espacio peligroso y espantoso. En Centroamérica, según la leyenda, los que viajan a solas de noche deben temer al *cadejo*, un perro enorme y demoníaco cuyos ataques pueden ocasionar una parálisis temporal o, de vez en cuando, la muerte. El cadejo puede llegar a ser del tamaño de un león o de un toro y tiene los ojos rojos como ascuas°. Algunas versiones de la leyenda indican que   *embers* partes del cuerpo del cadejo son de otros animales: patas de cabra, orejas de conejo, etc. Los que más deben temerlo son los viajeros nocturnos que oyen sus aullidos en la distancia; en realidad están muy cerca de esas

personas, a quienes tal vez estén siguiendo de cerca. Sin embargo, algunos cadejos sirven de protectores a los campesinos; este tipo suele ser de color amarillo o blanco. Los cadejos de estos colores también pueden servir de guardianes de borrachos o trasnochadores, a los que ayudan a volver a casa sanos y salvos.

La imagen del cadejo nos viene de los tiempos precolombinos y posiblemente se basa en la figura del *nahual,* muchas veces un animal como el ciervo o el conejo, que es la extensión espiritual de una persona. Hoy en día, se ha fusionado su figura con conceptos cristianos, y el cadejo puede ser el *nahual* del diablo o de un espíritu maligno. La leyenda del cadejo cumple una función social, porque sirve como advertencia a los borrachos, trasnochadores, y viajeros en general, de que es peligroso andar a solas por la noche. Todavía se narran por toda Centroamérica cuentos basados en los encuentros con el cadejo, una parte importante del folclore de estos países. La imagen del cadejo como animal feroz e intrépido inspira terror y fascinación en los oyentes de estas historias.

Preparación

12-1 Métete en la escena. A lo largo de la historia, los volcanes han figurado como parte importante de la vida y la economía de muchos países. En el siguiente mapa, primero identifica los países centroamericanos, y luego indica dónde habrá actividad volcánica. (Encontrarás un mapa en relieve en la página web de *Leyendas del mundo hispano.*) ¿Cómo afectan los volcanes el modo de vida de un pueblo?

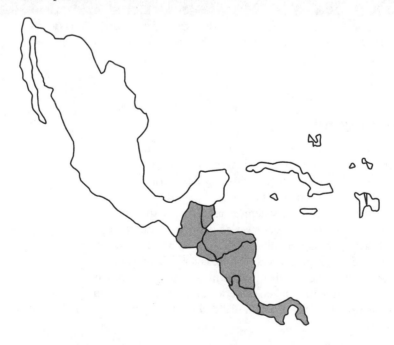

👥 **12-2 ¿Han visto un "cadejo"?** Conversen sobre sus experiencias con los peligros nocturnos.

1. ¿Qué animales representan un espíritu malévolo para ustedes? ¿Y un espíritu benévolo?
2. ¿Qué cuento o película conocen cuyo motivo sea asustarnos por medio de algunas criaturas nocturnas?
3. ¿Cómo se caracterizan a los vampiros y a los hombres lobo?
4. ¿Cuándo puede representar ambos aspectos, lo malo y lo bueno, un mismo animal u otro ser?

12-3 Expresiones clave. Lee las oraciones siguientes y adivina el significado de las expresiones en **negrita**. Primero, reemplaza la expresión con la forma correcta del sinónimo y sus modificantes, si es necesario; luego, escribe otra oración original usando la palabra que cambiaste.

MODELO: Los **protagonistas** de esta leyenda son los cadejos.

   *personajes principales; Las **protagonistas** de mi telenovela favorita son dos mujeres.*

afirmar	deshacerse	perezoso
cruel	peligroso	latifundista
flexible	sustentarse	

1. Muchas personas creen que los cadejos son grandes como un león, **fieros** y **dañinos.**
2. Hay personas que **aseveran** que los cadejos son perros mágicos.
3. **Se alimentan** de las plantas que cubren los volcanes.
4. Los **terratenientes** que vivían en las tierras de los volcanes querían destruir a los cadejos.
5. Creían que los campesinos eran **flojos**, y que no trabajaban lo suficiente.
6. Un soldado hecho de plomo es muy **maleable.**
7. Con el extremo calor del volcán, las figuras de plomo empezaron a **derretirse.**

👥 **12-4 Las clases sociales.** Esta leyenda ilustra un conflicto entre clases sociales. Conversen entre ustedes para señalar dos o tres conflictos sociales que conozcan en cualquier parte del mundo. ¿Tienen algo en común?

MODELO: *En Sudáfrica, hubo un conflicto entre los habitantes de origen europeo, que dominaban la economía y la política, y los africanos, quienes no tenían ni poder político ni económico.*

12-5 ¿Son malignos o benignos? Ten en cuenta esta pregunta mientras vas leyendo la siguiente historia.

Según la leyenda, el cadejo puede ser benévolo o malévolo, según las circunstancias.

guerrilla

Los cadejos

Los protagonistas de nuestra leyenda son los cadejos; pero, ¿qué es un cadejo? Yo nunca me he encontrado con uno; sin embargo, mucha gente afirma que los ha visto. Algunos dicen que es un animal del tamaño de un león, fiero y dañino. Según otros, es el mismo demonio que toma la forma de un perro negro con ojos de puro fuego. Hay quienes opinan que es un espíritu maligno y quien asegura que es benigno, pues más de una vez un cadejo le ha salvado la vida. También he tropezado con personas que me han aseverado que los cadejos son perros mágicos, que en ocasiones se funden° con el aire. A mí me gusta pensar que los cadejos entienden de magia y que emplean esta para ayudar a los necesitados. Y si no me creen, pero tienen un poco de paciencia y curiosidad, suspendan el juicio° hasta oír esta breve historia.

En el pequeño país centroamericano de El Salvador, existe una cadena montañosa, paralela a la costa del Pacífico, en la que se hallan varios volcanes. Estos volcanes salvadoreños tienen unos habitantes muy especiales, los cadejos. Los cadejos son perros mágicos, que a veces parecen leones, a veces ciervos y de noche parecen lobos; y a veces se hacen transparentes como la brisa. Los volcanes son su hogar y se alimentan de las plantas que los cubren. Mucha gente piensa que los cadejos son descendientes de los volcanes.

deer

5

10

15

20

se fusionan

suspendan... no opinen

Las personas que habitan en las laderas de los volcanes los
quieren mucho, porque los cadejos las protegen. Un hombre me
contaba que él nunca tiene miedo de visitar de noche a su
novia, porque sabe que "alguien" lo acompaña. Una vez, al
padre de un amigo mío le salieron en el camino tres hombres con
machetes; el "perro" que lo acompañaba se tiró encima de ellos
y los hirió, haciéndolos huir. Si un borracho se queda dormido a la
vera° del camino, siempre hay a su lado un cadejo que vela su   **al lado**
sueño. Los habitantes de los volcanes no temen el peligro, porque
saben que un "espíritu" los guarda.

Sin embargo, ¡no a todas las personas les gustan los cadejos!
Los terratenientes, los dueños de las tierras de los volcanes, se
quejan continuamente.

—¡Los campesinos ya no quieren trabajar!—grita el señor
Mendoza.

—Claro—responde don Julián—, los cadejos siempre los
ayudan si tienen algún problema. Ya no necesitan trabajar.

—¡Malditos cadejos! Hacen que la gente sea muy floja—   **gritaba**
chillaba° doña Matildita, esposa de don Julián.

—¡Los trabajadores se están convirtiendo en unos
perezosos!—confirmaban todos los reunidos en casa del señor
Mendoza, mientras los criados les servían café y las criadas
abanicaban° sus húmedas frentes.   **refrescaban**

Los terratenientes decidieron terminar con el problema.
Buscaron entre objetos de sus hijos y de su propia infancia: en
antiguos baúles, en maletas llenas de parches°, en los áticos de   **pedazos de tela y de papel**
las viejas casonas, en los armarios de la cocina. Pero… ¿qué
buscaban?: buscaban soldados de plomo°. Cuando reunieron   *lead*
cientos de ellos, les dijeron:

—Soldados de plomo aquí reunidos, tenemos un problema
muy gordo: ¡los cadejos! ¡Hay que acabar con ellos! Les
prometemos a ustedes que, si terminan con todos los cadejos de
los volcanes, les arreglaremos todos los brazos, pies, orejas y
narices rotos. No sólo eso —los soldados de plomo contenían
expectantes la respiración—; los transformaremos en soldados de
carne y hueso: ¡serán nuestro ejército!

—¡Hurra! —gritaron los soldados de plomo, lanzando sus
sombreros al aire.

Entusiasmados, los soldados de plomo se pusieron en camino
y se dirigieron a los volcanes Tecapa y Chaparrastique, patria
principal de los cadejos. Anduvieron y anduvieron, día y noche,
por laderas° llenas de lava y ceniza, pero no vieron ni un solo   **cuestas**
cadejo. Los cadejos se funden con la brisa, se transforman en

quitar

rayo de sol, se visten como la noche: ¡son invisibles a los ojos de los soldaditos! Los soldados, furiosos, empezaron a arrancar° todas las plantas de los volcanes.

—¡Cadejos, morirán de hambre!—dijeron, riéndose.   70

Ahora los cadejos sí estaban asustados de verdad. Pidieron consejo a sus amigos los volcanes. Tecapa y Chaparrastique les contestaron:

—No tengan miedo, tenemos un plan que no puede fallar.

Cuando, a la mañana siguiente, los soldados subían otra vez   75
por sus pendientes, Tecapa y Chaparrastique comenzaron a soplar: "¡Uuuuuuuuuh! " Los soldados de plomo exclamaron:

—¡Qué calor hace!

inclinaban

parte posterior

Poco a poco el calor se hizo insoportable. Los pies se les quemaban. Las piernas se les quemaban. Si se agachaban° para   80
coger plantas del suelo, las manos se les quemaban. Si querían sentarse para descansar, ¡el trasero° se les quemaba! ¡Los soldados empezaron a derretirse! Estaban aterrorizados. Lloraban desconsolados. Por fin, decidieron marcharse de allí y dejar tranquilos a los cadejos.   85

Libres del peligro, la gente de los volcanes y los cadejos celebraron una gran fiesta, con baile, comida, música de guitarra y trompeta. Los terratenientes se marcharon de aquellos lugares, y la paz regresó a los volcanes de El Salvador.

En las fiestas latinoamericanas es muy popular usar máscaras que pintan de manera siniestra a los conquistadores españoles.

Comprensión

12-6 ¿Quiénes son? Escribe descripciones de los siguientes personajes que figuran en esta leyenda. Incluye datos físicos y personales.

- los cadejos
- los terratenientes

- los campesinos
- los soldados

12-7 ¿En qué orden? Escribe la palabra (o palabras) que falta en cada oración, luego ponlas en orden lógico.

_____   Los soldados no pudieron soportar _____.

_____   Algunos dicen que los cadejos son _____; otros que son benignos.

_____   Si una persona se dormía en el camino, el cadejo la _____.

_____   Creían que los _____no trabajaban lo suficiente.

_____   La leyenda tiene lugar en El Salvador, donde los cadejos habitan _____.

_____   Lo que sí se sabe es que _____ son mágicos.

_____   Por eso, decidieron reclutar a los _____ de plomo para combatir a los cadejos.

_____   Así fue que los volcanes derrotaron a los soldados, quienes _____ para siempre.

_____   Los soldados _____ las plantas de los volcanes para quitarles la comida a los cadejos.

_____   Los volcanes empezaron a soplar _____ y ceniza.

_____   Y los campesinos, los cadejos y los volcanes pudieron vivir en _____.

_____   Pero a los _____ no les gustaban los cadejos.

👥 12-8 ¿Un ser maligno o benigno? Analicen el carácter del cadejo. Compárenlo con otros seres nocturnos que conozcan, por ejemplo Drácula o el Coco (*Bogeyman*). ¿En qué se parecen y en qué se diferencian?

Aplicación

🔘 12-9 Escucha la leyenda. Escucha la grabación de "Los cadejos", fijándote en la pronunciación, la entonación y la dramatización de la persona que la narra. Escoge una sección de dos o tres párrafos que te guste y practica leyéndola en voz alta, imitando el tono y las emociones del narrador: la emoción, el temor, el valor … Después presenta tu pieza a la clase.

12-10 Los valores de un pueblo. Las leyendas son una manera de transmitir los valores de un pueblo. ¿Cuáles son los valores de esta y cómo se manifiestan? ¿Qué elementos míticos se evidencian en esta historia?

Análisis, síntesis, evaluación

12-11 ¿Un cadejo actual? Conéctate con la página web de *Leyendas del mundo hispano* para investigar el fenómeno del "Chupacabras", un ser actual que, algunos lo creen así, se parece mucho a los cadejos. Escribe una breve descripción de la bestia y anota en qué partes del mundo hispano se ha visto. ¿Lo consideras un ser benigno o maligno? ¿En qué se parece al cadejo?

12-12 El poder (sobre)natural. Esta leyenda podría compararse con la de "Los volcanes" que aparece en este volumen. ¿En qué se asemejan y diferencian el papel de los volcanes y de los personajes en cada leyenda?, ¿y los valores que se transmiten?

MODELO: *En "Los volcanes", los volcanes son héroes legendarios que se transforman en volcanes...*

12-13 Foro: Un análisis psicológico. Escribe un análisis psicológico que explique la función de los cadejos en la sociedad. Compara la figura del cadejo con otro animal o ser protector.

MODELO: *El cadejo representa la extensión espiritual de una persona...*

12-14 Los campesinos y los terratenientes. Los países centroamericanos tienen una lamentable historia de abusos hacia los obreros campesinos. Hagan el papel de organizadores/as, de un sindicato de campesinos/as y de una organización de terratenientes que defiende su posición.

- Campesinos: Exigimos un nivel de vida digno, el respeto por parte de los terratenientes y un terreno propio.
- Terratenientes: Si accedemos a las demandas de los campesinos, iremos a la bancarrota.

Frases comunicativas:

- Me (Nos) parece insoportable que...
- Pero no podemos depender de...
- Mi (Nuestra) objeción moral es...

MODELO: *Nos parece insoportable que los terratenientes controlen todos los terrenos arables y que los campesinos tengan que labrar las tierras sin recibir un sueldo digno...*

GLOSSARY

A

abalanzarse (2)	*to throw oneself*
abanicar (12)	*to fan*
abatido/a (5)	*dejected*
abeja, la (11)	*bee*
abisal (10)	*abysmal*
ablandar (8)	*to soften*
abrazar (9)	*to embrace*
abrupto/a (11)	*rugged*
aburrimiento, el (2)	*boredom*
acabado/a (9)	*finished; spent*
acampar (8)	*to camp*
acantilado, el (10)	*cliff*
acariciar (4)	*to caress*
acercarse (6)	*to approach*
acero, el (5)	*steel*
acometer (5)	*to attack*
acontecimiento, el (3)	*event*
acordarse (P)	*to remember*
acosador/a (9)	*pursuer*
acto seguido (6)	*right away*
actual (3)	*current*
acudir (5)	*to present oneself*
adarga, la (5)	*shield*
adelgazar (2)	*to become slender*
adentrarse (1)	*to penetrate*
adinerado/a (3)	*moneyed*
adivinar (2)	*to guess*
adornar (6)	*to adorn*
adueñarse de (5)	*to overtake*
advertencia, la (P)	*warning*

advertir (ie, i) (7)	*to warn*
agitar (11)	*to wave; shake*
agónico/a (3)	*agonizing*
agotador/a (8)	*exhausting*
agregar (8)	*to add*
agrícola (8)	*agricultural*
aguacate, el (4)	*avocado*
aguantar (7)	*to endure*
águila, el (9)	*eagle*
ahínco, con (11)	*fervor*
ahogado/a, el/la (3)	*stifled; muffled*
ahogarse (6)	*to drown*
ajo, el (8)	*garlic*
alabastro, el (3)	*alabaster*
alacena, la (11)	*cupboard*
alargar (1)	*to extend*
alba, el (9)	*dawn*
alboroto, el (2)	*disturbance, ruckus*
alcaide, el (5)	*mayor*
alcalde/sa, el/la (5)	*mayor*
alcanzar (6)	*to reach*
alcatraz, el (5)	*gannet*
alejarse (9)	*to go away*
alfombra, la (5)	*carpet*
alforja, la (11)	*saddlebag*
algarabía, la (10)	*gibberish*
aliado/a (1)	*ally*
alianza, la (7)	*alliance*
alimentar (2)	*to feed*
alma, el (f.) (5)	*soul*
almanaque, el (7)	*almanac*
almendra, la (5)	*almond*

almíbar, el (5)	*syrup*
almohada, la (5)	*pillow*
almuecín, el (5)	*muezzin (Muslim caller to prayer)*
almuédano, el (5)	*muezzin (Muslim caller to prayer)*
alojar (9)	*to house*
altanero/a (7)	*haughty*
altiplanicie, la (6)	*high plateau*
alto, el (5)	*stop*
alucinado/a (10)	*dazzled*
alumbrar (2)	*to light up*
amanecer, el (2)	*dawn*
amenaza, la (11)	*threat*
amonestar (7)	*to warn*
amparar (8)	*to help*
amplio/a (1)	*ample*
amurallado/a (3)	*walled*
anestesia, la (7)	*anesthesia*
anfitrión/-ona, el/la (2)	*host*
angustiado/a (7)	*anguished*
anidar (9)	*to reside*
animoso/a (5)	*spirited*
anochecer, el (11)	*dusk*
antepasado/a, el/la (1)	*ancestor*
apaciguamiento, el (6)	*gesture to pacify someone*
apaciguar (4)	*to pacify*
apenas (3)	*hardly*
aplacar (6)	*to placate*
apoderarse (11)	*to seize*
apostura, la (7)	*gracefulness*
apreciar (3)	*to appreciate*
apresurar (11)	*to hurry*
aprovechar (1)	*to take advantage of*

apuesto/a (3)	*handsome*
aragonés/esa (3)	*from Aragón, Spain*
araña, la (9)	*spider*
árbol, el (11)	*tree*
arco iris, el (2)	*rainbow*
arco, el (2)	*bow; arch*
arcón, el (9)	*trunk*
ardiente (4)	*burning*
arena, la (6)	*sand*
arquetipo, el (7)	*archetype*
arrancar (12)	*to pull out*
arre (11)	*giddyap*
arrebatado/a (3)	*upset*
arreglar (12)	*to fix*
arreglo, el (1)	*arrangement*
arremolinar (9)	*to whirl*
arrepentimiento, el (3)	*repentance*
arriesgar (4)	*to risk*
arrodillar (4)	*to kneel*
arrojar (5)	*to throw (down); hurl*
artesanía, la (9)	*handicraft*
ascua, el (f.) (12)	*ember*
asemejar (4)	*to seem like*
aseverar (12)	*to affirm*
asomar (4)	*to appear*
asombrar (11)	*to amaze*
asustado/a (8)	*frightened*
atacante, el/la (2)	*assailant*
ataque, el (12)	*attack*
atardecer, el (5)	*evening; afternoon; dusk*
atento/a (7)	*attentive*
aterrado/a (3)	*terrified*
atónito/a (3)	*dumbstruck*
atravesar (ie) (P)	*to cross*

atribuir (-y) (7)	*to attribute*	bienestar, el (4)	*well-being*
atronar (8)	*to thunder*	bocina, la (11)	*horn*
aturdido/a (11)	*bewildered*	bodega, la (6)	*hold of a ship*
augurio, el (7)	*omen*	bombilla, la (2)	*metal straw*
aullido, el (7)	*howl*	borde, el (1)	*edge*
aumento, el (8)	*increase*	borracho/a (12)	*drunk*
áureo/a (6)	*golden*	bramido, el (2)	*bellow*
ausentarse (9)	*to go away*	brindis, hacer (2)	*to make a toast*
austral (10)	*southern*	brotar (3)	*to sprout*
avaricia, la (6)	*avarice*	bruma, la (1)	*mist*
averiguar (7)	*to find out*	búho, el (2)	*owl*
azotar (8)	*to whip*	bullicio, el (4)	*uproar*
azulejo, el (5)	*tile*	buque, el (10)	*ship*
		burlador/a, el/la (11)	*jokester*

B

| bahía, la (8) | *bay* | |
| balde, en (9) | *in vain* | |

C

bahía, la (8)	*bay*	
balde, en (9)	*in vain*	
ballena jorobada, la (10)	*humpback whale*	cabalgada, la (5)	*troop of riders*
balsa, la (6)	*raft*	cabalgar (5)	*to ride on horseback*
baluarte, el (5)	*bulwark*	caballería, libro de (6)	*chivalresque novel*
bañado/a (7)	*bathed*	caballerosidad, la (7)	*chivalry*
bancarrota, la (12)	*bankruptcy*	cabellera, la (10)	*head of hair*
barca, la (6)	*boat*	cabello, el (7)	*hair*
barranco, el (10)	*ravine*	cabizbajo/a (11)	*crestfallen*
barrer (8)	*to sweep*	cabo de, al (5)	*at the end of*
barro, el (4)	*mud*	cabra, la (12)	*goat*
batalla, la (P)	*battle*	cacique, el (6)	*chief*
baúl, el (9)	*trunk*	cadáver, el (3)	*corpse*
bautismo, el (11)	*baptism*	cadena, la (8)	*chain*
beligerancia, la (1)	*belligerence*	cafetal, el (8)	*coffee plantation*
beneficio, el (12)	*benefit*	caída, la (1)	*fall*
benigno/a (12)	*benign*	caja, la (11)	*box*
bien, el (1)	*well-being*	calabaza, la (2)	*gourd*
bienes los (3)	*wealth*	califa, el (11)	*prince*
		califato, el (11)	*caliphate, kingdom*

callejuela, la (7)	*alley*	Cihuacóatl (7)	*Aztec goddess*
caluroso/a (11)	*hot*	cima, la (4)	*top; summit*
campamento, el (5)	*camp*	cimitarra, la (5)	*scimitar*
canoa, la (8)	*canoe*	ciudadanizarse (2)	*to become a citizen*
cañón, el (11)	*canyon*	clarividente (4)	*clairvoyant*
caos, el (1)	*chaos*	clavarse (2)	*to stick into*
capacitar (P)	*to enable*	coartación, la (8)	*limitation (of slavery)*
capilla, la (3)	*chapel*	cobarde (4)	*coward*
captar (7)	*to capture*	cobardía, la (3)	*cowardice*
cargado/a (P)	*laden*	cobre, el (8)	*copper*
cargar (11)	*to carry*	códice, el (7)	*codex*
cariño, el (9)	*affection*	colador, el (2)	*sieve*
caso de, hacer (7)	*to pay attention to*	colarse (ue) (11)	*to filter*
casona, la (9)	*mansion*	colina, la (1)	*hill*
castigo, el (5)	*punishment*	colocar (3)	*to place*
castor, el (9)	*beaver*	colonia, la (8)	*colony; plantation*
caudaloso/a (1)	*over-filled*	colorear (6)	*to color*
cautiverio, el (5)	*captivity*	comino, el (8)	*cumin*
cautivo, el (5)	*captive*	compadecer (-zc) (1)	*to sympathize with*
cayo, el (8)	*key (island)*	complacer (-zc) (2)	*to please*
caza, la (6)	*hunt*	complejo, el (7)	*complex*
cazador/a, el/la (P)	*hunter*	comportamiento, el (7)	*behavior*
ceder (11)	*to concede*	comprobar (ue) (11)	*to prove*
celoso/a (4)	*jealous*	conceder (3)	*to concede*
ceniza, la (4)	*ash*	concubina, la (7)	*concubine*
centro naturista, el (2)	*health store*	conejo, el (2)	*rabbit*
cerro, el (1)	*hill*	confiado/a (4)	*confident*
chicle, el (7)	*gum*	congoja, la (5)	*anguish*
chillar (12)	*to screech*	congresista, el/la (P)	*congressman/woman*
chisme, el (7)	*gossip*	conmocionarse (3)	*to be moved*
chismear (3)	*to gossip*	conquista, la (7)	*conquest*
chispa, la (5)	*spark*	conquistador, el (6)	*conqueror*
choza, la (2)	*hut*	conseguir (i, i) (2)	*to get*
ciervo, el (11)	*deer*	consentimiento, el (3)	*consent*
cigarra, la (11)	*cricket*	consuelo, el (1)	*consolation*

134

consumir (1)	to consume		
contrario, al (4)	on the contrary		
converso/a, el/la (11)	convert		
convertir (ie, i) (6)	to convert		
convivencia, la (11)	life together		
convocar (1)	to summon; bring together		
copo de nieve, el (9)	snowflake		
cordillera, la (1)	mountain range		
cormorán, el (10)	cormorant		
corona, la (4)	crown		
cosechar (P)	to harvest		
costumbre, la (1)	custom		
creciente (11)	growing		
creencia, la (4)	belief		
crepúsculo, el (2)	twilight		
criar (8)	to raise		
criatura, la (9)	creature		
cruz, la (pl. cruces) (7)	cross		
cubierto, el (9)	silverware		
cubrir (6)	to cover		
cuchilla, la (1)	knife		
cuerda, la (1)	cord		
cuerno, el (7)	horn		
cuidar de (9)	to care for		
culpa, la (7)	blame		
cumbre, la (4)	summit		
cumplir (4)	to fulfill		
cuna, la (1)	cradle		
cuna, noble (7)	aristocratic		

D

dador/a, el/la (8)	giver
dañino/a (5)	damaging
dar a luz (7)	to give birth
deber, el (3)	duty
debido a (7)	because of
decapitar (6)	to decapitate
decreto, el (4)	decree
defensor/a, el/la (P)	defender
degollar (5)	to slash the throat of
deidad, la (4)	deity
demorar (5)	to delay
demostrar (ue) (8)	to demonstrate
depositar (8)	to deposit
deprisa (8)	quickly
derecho, el (8)	right
derramar (1)	to spill
derretirse (i, i) (12)	to melt
derrocar (5)	to overthrow
derrota, la (7)	defeat; failure
derrotar (1)	to defeat
desafío, el (1)	challenge
desahogar (9)	to give vent to
desarrollar (1)	to develop
desbordado/a (3)	overflowing
descalzo/a (P)	barefoot
desconsolado/a (9)	inconsolable
descubrir (3)	to uncover
desdicha, la (5)	misfortune
desdichado/a (3)	unfortunate
deseable (9)	desirable
desengañar (9)	to disillusion
desenlace, el (4)	outcome
desgarrador/a (7)	heartrending

deshecho/a (9)	*undone*
deshilachar (9)	*to fray*
deshonrado/a (5)	*dishonored*
deslumbrado/a (7)	*dazzled*
desnudar (6)	*to disrobe*
desolación, la (1)	*desolation*
desolado/a (4)	*desolate*
despiadado/a (4)	*merciless*
desposar (3)	*to marry*
destacar (1)	*to stand out*
destapar (11)	*to uncover*
destruir (-y) (1)	*to destroy*
desvanecer (-zc) (10)	*to disappear*
desvelar (2)	*to stay awake*
detener (ie) (1)	*to stop*
dicha, la (3)	*happiness; luck; fortune*
dichoso/a (1)	*happy*
diestro/a (2)	*skillful*
digno/a (3)	*worthy*
dirigirse (1)	*to direct oneself*
discurso, el (P)	*speech*
disfrutar (1)	*to enjoy*
divisar (8)	*to make out (see)*
divulgar (10)	*to divulge*
doblón, el (7)	*doubloon*
dolorido/a (7)	*stricken*
doloroso/a (9)	*painful*
dominio, el (3)	*dominion*
don, el (P)	*gift*
doncella, la (3)	*young woman*
dorado/a (6)	*golden*
dramaturgo/a, el/la (3)	*dramatist*
drenar (6)	*to drain*
duende, el (10)	*goblin, ghost*

E

echar la culpa (3)	*to blame*
ecuatorial (1)	*equatorial*
embalsamiento, el (7)	*embalming*
emigrar (11)	*to emigrate*
emisario, el (5)	*emissary*
emitir (7)	*to emit*
enardecer (10)	*to inflame*
encabezamiento, el (3)	*heading*
encajar (1)	*to fit*
encaje, el (5)	*lace*
encaminarse (8)	*to set out for*
encantamiento, el (2)	*enchantment*
encarcelar (5)	*to imprison*
encarecidamente (10)	*insistently*
encarnar (4)	*to embody*
encarnizado/a (5)	*fierce*
encomienda, la (10)	*Spanish feudal system requiring indigenous people to perform free labor*
enfatizar (P)	*to emphasize*
enfurruñado/a (11)	*angry*
engañar (6)	*to deceive*
engaño, el (4)	*deceit*
enojo, el (1)	*anger*
enredadera, la (10)	*creeper weed*
enriquecedor/a (11)	*enriching*
enriquecimiento, el (6)	*enrichment*
enrojecer (-zc) (1)	*to redden*
ensangrentado/a (5)	*bloody*
enseguida (11)	*immediately*
ensordecedor/a (8)	*deafening*
ensueño, el (6)	*dream*
enterarse (6)	*to find out*

enterrar (ie) (3)	*to bury*
entierro, el (3)	*burial*
entrañable (9)	*intimate*
entregar (5)	*to deliver*
entretener (ie) (P)	*to entertain*
entristecer (-zc) (4)	*to sadden*
envejecido/a (9)	*aged*
envidia, la (4)	*envy*
envuelto/a (1)	*wrapped up*
época, la (3)	*period (of time)*
equivocado/a (P)	*mistaken*
erigir (1)	*to erect*
ermita, la (8)	*hermitage*
erupción, la (4)	*eruption*
esbelto/a (7)	*svelte*
escalonado/a (1)	*stair-step, terraced*
esclavitud, la (6)	*slavery*
esclavo/a, el/la (8)	*slave*
escoger (6)	*to choose*
escondido/a (11)	*hidden*
esculpir (5)	*to sculpt*
escurrir (8)	*to drain*
esforzado/a (5)	*invigorated*
esforzarse (ue) (2)	*to make an effort*
esfuerzo, el (1)	*effort*
esmeralda, la (6)	*emerald*
esmero, el (8)	*care*
espada, la (5)	*sword*
espantoso/a (12)	*scary*
espectral (7)	*spectral*
espera, la (5)	*waiting*
espíritu, el (P)	*spirit*
espolvorear (6)	*to sprinkle*
esponsales, los (5)	*betrothal*
esposar (1)	*to marry*

espuela, la (5)	*spur*
espuma, la (6)	*foam*
esquina, la (2)	*corner*
estafar (6)	*to con*
estallar (3)	*to burst out*
estancia, la (4)	*stay*
estandarte, el (5)	*banner*
estatua, la (P)	*statue*
estela, la (8)	*wake*
estirar (11)	*to stretch*
estrangular (1)	*to strangle*
estrella, la (2)	*star*
estremecerse (8)	*to shiver*
estremecimiento, el (1)	*trembling*
estribillo, el (10)	*refrain*
estribor, el (8)	*starboard*
estuco, el (5)	*stucco*
estupefacto/a (11)	*stupefied*
ético/a (P)	*ethical*
evitar (7)	*to avoid*
exagerar (P)	*to exaggerate*
exiliar (11)	*to exile*
expectante (12)	*expectant*
experimentar (P)	*to experience*
expulsar (11)	*to expel*
extrañado/a (8)	*wondering*
extrañar (4)	*to seem strange; miss; wonder at*

F

fabricar (9)	*to make*
fallecer (-zc) (3)	*to perish*
fama, la (4)	*fame*
fantasmal (7)	*ghostly*

farol, el (2)	*lantern*
fe, la (8)	*faith*
féretro, el (3)	*casket*
fiarse (de) (P)	*to trust (in)*
fiel (4)	*faithful*
fiero/a (12)	*fierce*
fijarse (5)	*to take note of*
finca, la (8)	*farm*
fines de, a (P)	*at the end of*
fino/a (11)	*thin*
fisgar (2)	*to stick in*
flaquear (5)	*to weaken*
flecha, la (2)	*arrow*
flojo/a (12)	*lazy*
florecer (-zc) (4)	*to flower*
folleto, el (8)	*pamphlet*
fondo, el (6)	*bottom*
fortaleza, la (P)	*fortress*
fracasar (6)	*to fail*
franquear (10)	*to pass (through)*
fregar (ie) (9)	*to wash*
frescor, el (11)	*coolness*
fronterizo/a (5)	*frontier*
fruto, el (P)	*result*
fuego, el (3)	*fire*
fuerza, a la (11)	*by force*
fuerza, la (P)	*force*
fulgor, el (2)	*brilliance*
fundamento, el (1)	*basis*
fundar (1)	*to found*
fundir (12)	*to melt*
funesto/a (3)	*damned*
fusil, el (P)	*rifle*

G

gala, de (2)	*all dressed up*
gallardo/a (5)	*gallant*
garganta, la (2)	*throat*
gastado/a (9)	*worn out*
gemelo/a, el/la (4)	*twin*
gemido, el (3)	*groan, moan*
gemir (i, i) (7)	*to groan*
género, el (11)	*genre*
gentil (5)	*charming*
ginebra, la (10)	*gin*
girar (8)	*to go around*
golpear (3)	*to shock; pound; beat*
gozo, el (8)	*joy*
granadino/a (5)	*from Granada*
grano, el (6)	*bean (coffee, chocolate)*
griego/a (P)	*Greek*
grueso/a (8)	*thick*
guardar (4)	*to keep; watch over*
guardián/-ana, el/la (12)	*keeper*
guerrero/a, el/la (P)	*warrior*

H

habitar (4)	*to live, inhabit*
hacienda, la (3)	*goods; farm, ranch*
hado, el (3)	*fate*
hallazgo, el (11)	*find*
harina, la (11)	*flour*
harto/a (2)	*fed up*
hazaña, la (P)	*feat*
hechizado/a (5)	*bewitched*
hecho, de (2)	*in fact*
hégira, la (9)	*flight (Arabic)*
heredero/a el/la (1)	*heir*

herir (ie, i) (5)	*to wound; injure*	instruir (-y) (1)	*to instruct*
hermandad, la (2)	*brotherhood*	internar (11)	*to penetrate*
híbrido/a (11)	*hybrid*	intérprete, el/la (7)	*interpreter*
hogar, el (8)	*home*	intranquilizar (8)	*to unsettle*
hoja, la (11)	*leaf*	intrigado/a (8)	*intrigued*
honra, la (3)	*honor*	isleño/a, el/la (10)	*islander*
hormiga, la (9)	*ant*	islote, el (10)	*small, rocky island*
horrorizado/a (3)	*horrified*		
huerta, la (8)	*large garden*		
huerto, el (P)	*garden*		
huésped/a, el/la (2)	*guest*		

J

huida, la (9)	*flight*	jeroglífico, el (1)	*hieroglyphic*
huir (-y) (2)	*to flee*	jinete, el/la (5)	*rider*
hule, el (7)	*rubber*	jornada, la (5)	*day's journey*
humear (4)	*to smoke*	joya, la (6)	*jewel*
humilde (6)	*humble*	júbilo, el (5)	*joy*
hundir (1)	*to sink*	judío/a, el/la (11)	*Jew(ish)*
		juez/a, el/la (4)	*judge*
		juicio, el (4)	*judgment; opinion*
		jumento, el (11)	*donkey*
		junco, el (6)	*reed*

I

iluminar (2)	*to illuminate*	junto a (2)	*right next to*
ilusión, la (7)	*delusion*	jurar (3)	*to swear*
imperio, el (4)	*empire*		
imponente (1)	*imposing*		

L

impuesto, el (11)	*tax*	labrado/a (5)	*worked by hand*
impulsar (6)	*to impel*	lacustre (1)	*lake (adj.)*
incendiar (1)	*to set fire*	ladera, la (12)	*hillside*
incitar (6)	*to spur on*	lago, el (6)	*lake*
indígena, el/la (6)	*indigenous*	lágrima, la (1)	*tear*
infortunio, el (7)	*mishap*	lamento, el (3)	*moan; lament*
infusión, la (2)	*tea*	lance, el (3)	*incident*
ingenio de azúcar, el (8)	*sugar mill*	lanza, la (5)	*lance*
ingenuo/a (11)	*naïve*	lanzar (2)	*to throw, hurl, cast*
insoportable (4)	*unbearable*	laurel, el (8)	*bay leaf*
instaurar (1)	*to install*		

lecho, el (4)	bed	maleza, la (11)	undergrowth
legado, el (7)	legacy	malherido/a (2)	badly wounded
legalizar (7)	to legalize	maligno/a (12)	evil, malicious
lejano/a (7)	far away	maltratar (P)	to mistreat
leña, la (11)	firewood	maltrato, el (8)	mistreatment
lengüeta, la (10)	tongue (fig.)	mamut, el (4)	mammoth
levadura, la (11)	baking powder	manada, la (9)	herd
ley, la (1)	law	manifestar (ie) (8)	to manifest
leyenda, la (P)	legend	manteca, la (11)	lard; shortening
ligado/a (6)	tied	mantel, el (9)	tablecloth
limpio/a (1)	clean	manzano, el (P)	apple tree
linaje, el (1)	lineage	maravillado/a (8)	amazed
litoral, el (10)	coastline	marcharse (3)	to go away
llano, el (1)	plain	mariposa, la (8)	butterfly
llanto, el (7)	cry	mármol, el (3)	marble
llanura, la (1)	plain	marrano/a, el/la (11)	false convert
lobo de mar, el (10)	sea lion	masticar (2)	to chew
lobo, el (12)	wolf	mata, la (2)	bush
locura, la (3)	craziness	matanza, la (5)	slaughter; massacre
lograr (11)	to achieve	mate, el (2)	mate tea
lozano/a (5)	handsome	matear (2)	to drink mate
luchar (5)	to fight	matrimonio, el (11)	couple
luciérnaga, la (5)	firefly	mausoleo, el (3)	mausoleum
luctuoso/a (10)	mournful	mecer (-zc) (2)	to rock
lugareño/a, el/la (8)	villager	medio ambiente, el (4)	environment
lúgubre (5)	dismal	mensaje, el (8)	message
luz, dar a (7)	to give birth	menudo, a (8)	often
		mercadería, la (10)	merchandise
		merecer (-zc) (4)	to deserve
		merecer (-zc) la pena (6)	to be worth the trouble

M

machacar (2)	to mash; crush	meseta, la (6)	plateau
madera, la (11)	wood	mestizaje, el (7)	mixture of races
madrugada, la (8)	dawn	mestizo/a, el/la (7)	mixed-race
maldecir (i, i) (7)	to curse	meta, la (P)	goal
maleable (12)	malleable	mezcla, la (9)	mixture

miedoso/a (4)	*fearful*
milagro, el (8)	*miracle*
mitad, a (8)	*in the middle*
mitad, la (4)	*half*
mítico/a (P)	*mythical*
mito, el (P)	*myth*
modales, los (7)	*manners*
mojar (8)	*to wet*
molino, el (11)	*mill*
monoteísta (1)	*monotheistic*
monte, el (1)	*woodland; hill*
morada, la (11)	*dwelling*
morador/a, el/la (1)	*inhabitant*
moraleja, la (11)	*moral*
morar (1)	*to dwell*
moro/a (5)	*Moorish*
moro/a, el/la (3)	*Moor (North African Arabs and Berbers)*
mudéjar, el/la (3)	*of Moorish descent living in Christian territory*
muiscas, los (6)	*Colombian indigenous tribe*
musulmán/-ana, el/la (3)	*Muslim*

N

náhuatl, el (4)	*Aztec language*
ñandutí, el (9)	*spider web (Guaraní)*
narrador/a, el/la (P)	*narrator*
náufrago/a, el/la (10)	*shipwrecked sailor*
nebuloso/a (7)	*cloudy*
necio/a (3)	*silly*
negar (ie) (3)	*to deny*
nevado/a (1)	*snowy*
novedoso/a (1)	*novel*
nube, la (2)	*cloud*
nudo, el (1)	*knot*

O

obsequio, el (2)	*gift*
ocasionado/a (7)	*caused*
occidental (5)	*western*
ociosidad, la (5)	*leisure*
ocultar (1)	*to hide*
ocupar (9)	*to spend time*
oficio, el (11)	*occupation*
ofrecimiento, el (1)	*offering*
ola, la (8)	*wave*
oleaje, el (8)	*swell*
ombligo, el (1)	*navel*
onda, la (9)	*wave*
ondear (5)	*to wave*
oprimido/a (8)	*oppressed*
opulento/a (7)	*opulent*
orbe, el (1)	*world, orb*
orgullo, el (2)	*pride*
oriental (8)	*eastern*
orilla, la (1)	*shore; bank (lake)*
oriundo/a (2)	*native to*
oscuras, a (2)	*in the darkness*
oscurecerse (4)	*to darken*
oscuridad, la (11)	*darkness*
oso/a, el/la (P)	*bear*
OVNI, el (4)	*UFO*

P

padecer (-zc) (5)	*to suffer*
palafito, el (10)	*house on stilts*
papel, el (11)	*role*
paradisíaco/a (5)	*heavenly*
parche, el (12)	*patch*
parecer, a mi… (P)	*in my view*
parentesco, el (1)	*kinship*
parroquial	*parish*
parroquiano/a, el /la (10)	*patron*
partir (5)	*to leave*
partirse (5)	*to break in two*
pasmado/a (11)	*astonished*
paso, el (11)	*passing*
pata, la (2)	*paw, foot*
pavor, el (8)	*fear*
pedregoso/a (1)	*stony*
pegajoso/a (6)	*sticky*
pelearse (P)	*to fight*
peligro, correr (9)	*to be at risk*
peligro, el (2)	*danger*
pena, la (6)	*sorrow*
penalidad, la (11)	*hardship*
penar (1)	*to suffer*
pendiente (12)	*hanging*
penumbra, la (11)	*shade*
pepita, la (6)	*nugget*
percibido/a (7)	*perceived*
perdurar (4)	*to last*
perecer (-zc) (6)	*to perish*
peregrinación, la (1)	*pilgrimage*
perenne (2)	*perennial*
perfil, el (4)	*profile*
perfilado/a (5)	*outlined*

perjudicial (5)	*detrimental*
perjurio, el (4)	*perjury*
permanecer (-zc) (4)	*to last*
perseguidor/a, el/la (9)	*pursuer*
persistencia, la (6)	*persistence*
persistir (P)	*to persist*
personaje, el (2)	*character*
pertenecer (-zc) (3)	*to belong*
perteneciente (8)	*belonging to*
pertenencias, las (1)	*belongings*
pesadilla, la (9)	*nightmare*
pesado/a (11)	*heavy*
pesar de, a (8)	*in spite of*
pesar, el (1)	*sorrow*
pesquisa, la (6)	*search*
pez, el (2)	*fish*
picar (8)	*to chop*
pico, el (4)	*peak*
piedad, la (11)	*pity*
pionero/a, el/la (P)	*pioneer*
pisar (3)	*to tread; step upon*
plancha, la (1)	*sheet (of metal)*
plazo, el (3)	*time period*
plazuela, la (7)	*plaza (small)*
plenilunio, el (7)	*full moon*
plomo, el (12)	*lead*
poblador/a, el/la (1)	*settler*
polvo, el (11)	*dust*
polvorear (6)	*to dust*
porte, el (5)	*demeanor*
pos de, en (10)	*in pursuit*
poseer (4)	*to possess*
póstumo/a (3)	*posthumous*
potable (P)	*safe to drink*
preciado/a (4)	*valuable*

precipitado/a (11)	*hurried*	raza, la (7)	*race*
precipitarse (3)	*to make haste*	realizar (P)	*to carry out*
predecir (i, i) (7)	*to predict*	recado, el (11)	*errand*
premiar (2)	*to reward*	recipiente, el (2)	*container*
prenda, la (4)	*garment*	recobrar (6)	*to recover*
presentir (ie, i) (7)	*to have a presentiment*	recompensa, la (4)	*reward*
preso/a (5)	*prisoner*	reconfortar (2)	*to comfort*
privación, la (6)	*deprivation*	recorrer (2)	*to travel through*
procurar (9)	*to endeavor*	recostar (ue) (4)	*to lie down*
profeta, el/la (9)	*prophet*	recubrir (6)	*to cover up*
promover (ue) (11)	*to promote*	recuerdo, el (6)	*memory*
propiedades, las (3)	*belongings*	recuperarse (4)	*to recover*
protagonista, el/la (12)	*character*	redondo/a (8)	*round*
pudor, el (5)	*modesty*	reducción, la (9)	*Jesuit mission*
puesta del sol, la (8)	*sunset*	reemplazar (9)	*to replace*
puñal, el (7)	*dagger*	reflejo, el (7)	*reflection*
pupila, la (3)	*pupil*	refugiarse (8)	*to shelter*

Q

quechua (2)	*language of many Andean people*	refulgente (6)	*shining*
		regadío, el (1)	*irrigation*
quejarse (2)	*to complain*	regalar (9)	*to give*
quejido, el (3)	*moan*	regio/a (6)	*royal*
quemar (1)	*to burn*	registro, el (P)	*record*
quimera, la (6)	*illusion*	reino, el (4)	*kingdom*
		relámpago, el (8)	*lightening*
		relato, el (7)	*story*
		rellenar (3)	*to fill*
		reluciente (6)	*shining*

R

		remar (6)	*to row*
rabino, el (2)	*rabbi*	remo, el (8)	*oar*
raíz, la (1)	*root*	remojar (8)	*to soak*
rama, la (2)	*branch*	remolino, el (9)	*whirlpool*
rasgar (7)	*to tear*	remontarse a (7)	*to date back to*
rastro, el (8)	*trace*	remordimiento, el (3)	*remorse*
rayo, el (8)	*ray*	rendirse (i, i) (5)	*to surrender*
		renombre, el (4)	*renown*

repartir (1)	to distribute		
replicar (7)	to retort		
reportaje, el (6)	report		
reposar (3)	to rest; repose		
rescate, el (1)	ransom		
residir (5)	to reside		
resignado/a (3)	resigned		
resina, la (6)	resin		
resplandor, el (5)	splendor; radiance		
resuelto/a (11)	resolved		
resumir (4)	to summarize		
resurgir (P)	to resurge		
retorno, el (P)	return		
revivir (9)	to relive		
revolver (ue) (8)	to stir		
rezar (8)	to pray		
riachuelo, el (9)	stream		
ribereño/a (10)	riverside		
riesgo, el (4)	risk		
risueño/a (9)	smiling		
rizado/a (1)	rippled		
rocoso/a (1)	rocky		
rodear (1)	to surround		
rodilla, la (7)	knee		
rodillo, el (11)	rolling pin		
rogar (ue) (3)	to beg		
romantizar (P)	to romanticize		
ron, el (P)	rum		
rondar (7)	to prowl		
rostro, el (2)	face		
roto/a (P)	torn; broken		
ruego, el (5)	plea		
rugido, el (2)	roar		
rugir (8)	to roar		

S

sabana, la (6)	savanna
sabio/a (11)	intellectual; wise
sacar (9)	to take out
sacerdote/sacerdotisa, el/la (7)	priest/ priestess
sagrado/a (1)	sacred; venerated
sal, la (6)	salt
salina, la (8)	salt mine
salpicar (10)	to lick
salto, el	leap
salvar (P)	to save
salvo, a (5)	out of danger
salvo/a (4)	safe
sangrar (4)	to bleed
sangriento/a (4)	bloody
sano/a y salvo/a (12)	safe and sound
santificar (1)	to sanctify
sartén, la (P)	fry pan
savia, la (6)	sap
sefardita, el/la (11)	Sephardiic Jew
selva, la (6)	jungle
sembrar (ie) (P)	to sow
semejar (1)	to seem like
semilla, la (P)	seed
señalar (P)	to signal
sendero, el (2)	path
señorear (1)	to be master over
sentado, tomar por (8)	take for granted
sentenciar (11)	to pronounce
sepulcro, el (3)	tomb, sepulcher
sepultura, la (3)	tomb
ser, el (12)	being
sidra, la (P)	cider

sierra, la (8)	*mountain range; saw*	suplicar (7)	*to beg*
siguiente (9)	*following*	surcar (2)	*to plow through*
simbiosis, la (9)	*symbiosis*	suspirar (5)	*to sigh*
sinagoga, la (11)	*synagogue*	suspiro, el (P)	*sigh*
sincrético/a (8)	*blended*	susurrar (3)	*to whisper, murmur*
sincretismo, el (4)	*syncretism, blending*		
sindicato, el (12)	*union*		
siniestro/a (12)	*sinister*	**T**	
siquiera, ni (1)	*not even; at all*	tabla, la (8)	*plank*
sobrecogido/a (8)	*startled*	tálamo, el (3)	*bed*
sobrenatural (2)	*supernatural*	tallar (1)	*to carve*
sobresaltado/a (3)	*startled*	tamaño, el (9)	*size*
sobrevivir (11)	*to survive*	tapar (2)	*to cover*
sofreír (i, i) (8)	*to sauté*	techo, el (9)	*ceiling*
solas, a (12)	*alone*	tejado, el (11)	*tile roof*
soler (ue) (3)	*to be in the habit of*	tejer (9)	*to weave*
sollozar (4)	*to sob*	tejido, el (9)	*weaving*
sombra, la (2)	*shadow*	telaraña, la (9)	*spider web*
someter (6)	*to conquer*	temblar (ie) (4)	*to tremble*
sometido/a (3)	*submitted*	temor, el (2)	*fear*
soplar (5)	*to blow*	temporal, el (8)	*storm*
soportar (1)	*to endure, tolerate*	tenebroso/a (7)	*gloomy*
		teñir (i, i) (4)	*to dye*
sordo/a (3)	*muffled*	terráqueo/a (8)	*world*
sostener (ie) (7)	*to hold onto*	terrateniente, el/la (12)	*landowner*
súbdito/a, el/la (1)	*subject*	tesoro, el (1)	*treasure*
subyugación, la (7)	*submission*	tinieblas, las (1)	*shadows*
suceder (5)	*to happen; occur*	tirar (12)	*to throw*
suceso, el (4)	*event*	titular (6)	*to headline*
suelo, el (1)	*ground*	toma, la (3)	*capture*
suerte, la (4)	*luck*	toque de queda, el (7)	*curfew*
sumergir (1)	*to submerge*	toque, el (P)	*touch*
suntuoso/a (8)	*sumptuous*	tortuga, la (9)	*tortoise*
superficie, la (1)	*surface*	tostar (ue) (2)	*to toast*
superpuesto/a (7)	*superimposed*	tragar (1)	*to swallow*

traición, la (4)	*treason*
traidor/a, el/la (4)	*traitor*
transcurso de, en el (P)	*in the course of*
transmitir (P)	*to transmit*
trasero, el (12)	*bottom; backside*
trasnochador/a, el/la (12)	*night owl*
tratado, el (11)	*treaty*
través de, a (1)	*along*
travesía, la (10)	*travel*
trazar (P)	*to trace*
trazo, el (9)	*line*
tribu, la (6)	*tribe*
tronco, el (2)	*trunk*
trono, el (1)	*throne*
tropezar (ie) (3)	*to light upon; trip over*
trueno, el (8)	*thunder*
tumba, la (P)	*tomb*
túmulo, el (3)	*burial mound*
tupido/a (10)	*thick, dense*

U

ubicación, la (3)	*location*
ufanarse (10)	*to boast*
umbral, el (11)	*threshold*
unir (3)	*to join*
urbanidad, la (1)	*refinement*

V

vaciar (2)	*to empty*
vacío/a (6)	*empty*
vagar (7)	*to wander*
valentía, la (2)	*courage; bravery*
valor, el (P)	*courage; value*
vaporoso/a (7)	*steamy*
varilla, la (1)	*rod (small)*
variopinto/a (10)	*motley*
vástago/a, el/la (1)	*offspring*
vega, la (5)	*fertile plain; farm*
velar por (8)	*to watch over*
veloz (8)	*swift*
vena, la (1)	*vein*
vencedor/a, el/la (5)	*victor*
vencer (4)	*to conquer*
vencido/a (5)	*vanquished*
vendaval, el (8)	*storm*
ventanuco, el (2)	*little window*
ventura, la (9)	*fortune*
vericuetos, los (2)	*rough terrain*
verídico/a (P)	*truthful*
verificable (P)	*verifiable*
verter (ie, i) (4)	*to spill*
vértigo, de (10)	*dizzying*
vespertino/a (8)	*afternoon*
vestidura, la (5)	*clothing*
viable (P)	*worthwhile; practical*
viga, la (9)	*beam*
vigente (4)	*in force*
vigilar (5)	*to watch*
villorrio, el (10)	*small, poor town*
virreinal (7)	*vice royal*
virreinato, el (7)	*viceroyalty*

virrey/virreina, el/la (12)	*viceroy/lady of viceroy*
viruela, la (P)	*smallpox*
vista, la (1)	*sight*
vivienda, la (11)	*house*
voluntad, la (3)	*will*
voraz (1)	*voracious*
voto, el (3)	*vow*
vuestra merced (3)	*you (lit. your mercy)*

Y

yacer (-zc) (3)	*to lie, repose*
yaguareté, el (2)	*jaguar*
yerba mate, la (2)	*mate tea*

Z

zafra, la (8)	*sugar cane harvest*
zambullir (6)	*to dive*
zumbido, el (11)	*buzz*